アメリカ〈帝国〉の苦境

国際秩序のルールをどう創るのか

H・ジェイムズ著〈プリンストン大学〉 小林章夫訳〈上智大学〉

人文書館
Liberal Arts
Publishing
House

カバー写真

Edward Gibbon
Bridgeman/PPS

ADAM SMITH
Granger/PPS

アメリカ〈帝国〉の苦境

国際秩序のルールをどう創るのか

The Roman Predicament
by Harold James

First published 2006 by Princeton University Press,
41 William Street,Princeton,New Jersey 08540
In the United Kingdom:Princeton University Press,3 Market Place,
Woodstock,Oxfordshire OX20 1SY

Printed in the United States of America

This Japanese edition published 2009
by Zinbun Shokan, Publishers, Tokyo
by arrangement The English Agency (Japan) Ltd.,Tokyo

アメリカ〈帝国〉の苦境

国際秩序のルールをどう創るのか

目次

まえがき

現代のアメリカは奇妙なほど古代ローマ帝国に魅せられている。議事堂にしても、またアメリカでトップクラスの駅にしても、ローマのようなたたずまいを見せている。ローマおよびその古典的イメージはポピュラー・カルチャーに定期的に登場し、しかもそれがある一定の間隔を置いて現れてくる。たとえば一九五〇年代と六〇年代の超大作映画、『ベン・ハー』(一九五九年)、『スパルタカス』(一九六〇年)、『クレオパトラ』(一九六四年)、『ローマ帝国の滅亡』(一九六四年)などは冷戦時代の産物で、これらの作品ではローマ帝国との類比がきわめて魅力的に見えた。ところがこうした古典的超大作は、ヴェトナム戦争時代の不信の風潮とともにあっという間に姿を消していく。それが復活したのは二十世紀末から二十一世紀初頭で、『グラディエーター』(二〇〇〇年)、『トロイ』(二〇〇四年)、あるいは『アレキサンダー』(二〇〇四年)などがつくられる。こうして古代のさまざまな帝国は文字通りわれわれに語りかけてくるのだが、これには何らかの解釈が必要となるのではないか。

本書は筆者の言葉を使えば、「ローマのジレンマ」について語ろうとするものだ。すなわち、緊密に結びつき、繁栄する安定した国際社会をつくりあげるには、平和な商業活動が方法となるとしばしば考えられる。しかし同時に、平和で自由な経済秩序は国内の衝突を引き起こし、さらには国際間の対立や戦争まで引き起こす。そしてこうした衝突は商業システムを混乱させ、ついにはこれを破壊して、繁栄と連帯の基礎を台無しにしてしまう。しかもこのような相互作用は悪循環、あるいはほとんど脱出不可能な罠のように思える。つまり、自由な商業世界の秩序は転覆して自壊していくのだ。

ここで大事な問題は、国内（国家）レヴェルであれ、あるいは国際関係であれ、複雑な社会を機能させるにはルールが必要だということである。ところが人間は必ずしもルールを自発的に受け入れないから、ルールには何らかの強制力が必要となる。さらにルールはきちんと明文化される必要がある。こうしたルールを強制させ、明文化するには、どちらも権力が必要となるが、この権力はどこにも公平に行き渡るのではなく、集中するものである。仮に自主的に交渉して決めたルールを考えてみても、どこかで強制されたとの記憶は残るし、結局一番力の強いものの影響力——ローマの影——がルールづくりに大きな力を与えたと感じるものだ。だとすれば、ルールが独断的で不公正だと感じられると、それに基づく秩序が崩壊する可能性は必ず生じるわけで、帝国が横暴な力をふるう中では、結局ルールといっても、特定の利益を押しつけたものにほかならないとの考え方が出てくることになる。

なるほど権力は商業と平和を守るが、権力自体が必ずしも善ではないのは自明である。ある社会の行方は権力によって決まるとすれば、その権力が基礎となってさらに強大な権力が生まれていくのは常に見られることである。この点がよくわかるのは、権力の行使がいわば癖になる面を持っていることだ。権力は腐りやすいという格言があるが、実はこの点が権力者の行動に影響を及ぼすのである。仮に権力を振り回す人間がそうした癖から逃れるとしても、他人の目にはやはりそのような癖に陥っていると見えることになる。

ルールとは国内レヴェルでも、国際レヴェルでも、行動を導くものであって、本書の中心となるテーマは、ルールの体系がこの二つのレヴェルでも相互に依存している点を示すことにある。したがって本書がめざすのは、通常は個別に扱われるこれら二つの議論を統合することにある。というのも、二つを分けて議論した結果、これまで多くのアナリストが不満を覚えてきたからだ。最近もヘレン・ミルナーが次のような不満を述べている。「安全保障政策を研究する人間は国家レヴェルの問題を強調し、政治経済を研究する人間は社会的要素に焦点を当てると言えば、国際関係論の戯画化ができあがる」(1)。なるほどこうした分業体制は、アカデミズムの伝統の中では意味を持つかも知れないが、この区別に基づいて研究をする学者は、往々にして複雑な世界の実相を見失うことになる。この世界においては、常に人間の関心は変化しているのであり、そうした変化をもとにして政策が生み出されているのである。

本書で検討するのはいわば精神の見取図であって、この見取図が、権力とルールとの混乱した関係への反応をつくりあげている。秩序とは脆弱《ぜいじゃく》なものであるというテーマは、最近の国際関係をめぐる議論で多く取り上げられてきたものだ。リベラルな国際派は、開かれた国際秩序をつくりあげて維持することの難しさに関心を抱き、一方、現実主義者はこれを悲劇的な衝突に至ると考える。(2)だとすれば秩序をどのように捉えるか、その捉え方を歴史に基づいて理解することで、どちらの立場も裨益するところは大きいのではあるまいか。

帝国のアナロジーは、政治経済の権力が威圧的、あるいは専制的に見えるようになったとき、その権力を理解して批判する方法として、古来、もっとも魅力的なものだった。そうした先駆的な例、あるいはモデルとしては、ローマよりもさらに古くまでさかのぼることができよう。古代ローマ人はアレキサンダー大王のイメージに取り憑かれていたし、カリスマ的な指導者の中には積極的に「アレキサンダーに倣《なら》う」こともめざした人間もいた。けれども、こうしたモデルは肯定的なものであるよりも、むしろ否定的なものが多い。たとえば十八世紀には、帝国主義支配に反発してアメリカが建国されたとき、ローマとのアナロジーが議論を支配していた。このような歴史の先例を求めることで、確実性を求めることと、正義に基づく支配を求める動きとが同一のものとなったのである。

本書ではまず、こうしたテーマを扱うきわめて有名な二冊の書物を検討することから始める。どちらも偶然ながら同じ年、一七七六年に出版された。すなわちこの年はアメリカ独立宣言が出されたときであると同時に、商業と支配をめぐる広範囲にして綿密な議論が初めておこなわれたときであり、それもローマの経験から明白な教訓を引き出している。つまり『国富論』と『ローマ帝国衰亡史』のことだ。アダム・スミスとエドワード・ギボンが書いたこれらの書物はあっという間に評判となり、その基本的な考え方は、二十一世紀の論争でも依然としてよく使われているものである。今日、およそ教養のある人間であれば、十八世紀の優れた学識が生み出したこれら浩瀚《こうかん》な書物を読破したことがなくても（これはマルクス、ニーチェ、フロイト、あるいはケインズの著作の場合にも、われわれがみなよく経験することだ）、スミスやギボンの思想をきわめて簡略化したものは知っているはずだ。つまり単純にまとめれば、スミスは自由な市場を擁護し（あるいは自由市場という概念をつくり出し）、ギボンはローマの没落がキリスト教の修道士によっておこなわれたと非難した。本書がめざそうとするのは、一つには『国富論』と『ローマ帝国衰亡史』に示された、互いに相補い合う分析の驚くべき（そしてある面ではほとんど知られていない）側面を提示することにある。つまり、スミスもギボンもともに、強大な権力を蝕《むしば》んだ内的論理に関心を抱いていた。だとすれば、一七七六年に著作を発表したこの二人の人物は、のちに偶像視されることになる幾多の思想家の著作よりも魅力的で、しかもわれわれの現在に議論にとって有効な考え方を、いわば一つのパッケージのように提出してくれたことになる。

スミスとギボンは帝国システムには悲観的な見方をしており、そのシステムはやがて腐敗して滅びると考えていた。滅亡に至る要因の中には紛《まぎ》れもなく経済的なものもあって、財政負担が止めどなく増えれば、帝国の秩序維持にとっては明らかに問題となるからだった。またこの二人の十八世紀の思想家は読者に対して、広大な領域と多種多様な人間たちに共通の価値体系を維持させるのは、根本的に無理があることを理解させようともしている。

そこで本書の第2章では、一般の国民や政策担当者、評論家などが、世界が統合されていく動きやグローバル化を目にする際に、どのような偏りが見られるか、さらにはときとしていかにイデオロギーに左右されるかを分析することにしたい。グローバル化した世界には、まずルールを明確にし、そのルールを強制させる一つの権威が必要なのか？　そうしたルールの正当性はどこから生まれるのか？　そのようなルールの体系は、一つの価値体系が精密されていくことが前提となるのか？　あるいはそのような価値体系はどのように生まれるのか？　それは結局一つの権力が押しつけたものにならざるを得ないのか？　ルールと権力は必然的に衝突するものなのか？グローバル化はルールを必要とするが、そのルールとは「権力の中心（パワー・センター）」と呼ぶべきものがつくりあげ、精密化していくものである。けれどもそこには一貫して不安定なものがあり、これがさまざまな問題を起こす。不平等はルールを定める動きに抵抗することになるし、趣味や文化の多様性も同様である。不平等に基づいて権力が発展し、文化的多様性を抑圧するためにその権力が使われる状況を説明する上で、帝国というアナロジーは有効な方法であり、あるいは少なくとも便利な方法と言えるかも知れない。だがわれわれの行動を導くルールを、帝国による権力行使の明白な証拠とみなすとすれば、われわれがこれに抵抗する可能性は高くなるわけで、だとすれば帝国のアナロジーには脆弱なものが内在しているわけだ。

第3章では、ルールと権力との確執が特に顕著な、今日の国際経済に関する三つの議論を検討することにしたい。すなわち、世界の貿易システム、企業のガヴァナンス、国際的な通貨体制である。第4章では現代世界におけるアメリカの力がどれだけ維持できるかを考え、十八世紀イギリスの力、あるいは古代世界におけるローマの力とのアナロジーが、果たして適切かを検討する。第5章ではさまざまな衝突に焦点を移し、小さなものであれ、大きなものであれ、国際間の衝突や戦争が、きちんとしたルールと独断的なルールとのバランスにどのような影響を与えるかを考える。第6章では、帝国システムあるいは権力のシステムの中で、中心と周縁との間に見られる確執に目を向ける。というのも歴史的に見れば、帝国はその周縁部がきわめて脆弱に思えるからだ。現代世界において、辺境にあるということは、地域間の連携や情報伝達の加速化が進む中で、どのような意味を持つのだろうか。最後に第7章では、権力についての伝統的な捉え方に代わるものとして、最近取り上げられることの多い一つのモデルを検討したい。すなわち、ルールと無秩序との尽きることのない連環を打ち破るかに見える魅力的な考え方である。ヨーロッパの人々は、自分たちが国家の壁を越えた新しい体制、すなわちヨーロッパ共同体こそが、超大国の苦境に陥っているアメリカ——言い換えればローマの苦境——の位置を回避して、新たな安定に至る道だと考えることがあるようだ。

最後に結論の部分では、秩序について考える際のもう一つの伝統、つまり秩序とはグローバルな社会にとって、自然法のように基礎となるという考え方を検討する。果たしてこれは、アメリカ建国時にスミスとギボンがあれほど鋭く分析した罠から、抜け出す道を与えてくれるものだろうか？　あるいは共和国から帝国への変化は必然のものなのか？　自然法の伝統が乗り越えようとする問題とは、ルールの根底にある道徳的、倫理的基礎よりも、ルール自体に内在する動きを検討する際に拠り所としてきた考え方である。方法論議ではなく、むしろ価値を議論することが、問題に対する十八世紀の解決方法であるとすれば、これは二十一世紀の今日にあっても魅力的なものではないだろうか。

本書はグローバル化を扱うものではない。このテーマについてはすでに厖大な書物が書かれている。また帝国そのものを扱うものでもないし、アメリカが帝国なのか、あるいは帝国と考えるべきかを論じたものでもない。後者に関しても、すでに多くのことが書かれており、今もなおその勢いは留まるところを知らず、しかもその中には論議を呼ぶような皮相な書物も少なくない。むしろ本書は、このところおこなわれている議論を、より深い歴史的、経済的視野の中に置こうとする試みである。私見によれば、外交政策をめぐる書物の多くは（ウォルター・ラッセル・ミード、ロバート・ケーガン、ジョン・ルイス・ガディスなどの近著）は経済面をほとんど無視しているし、一方、帝国願望を示す書物（ニオール・ファーガソン、ディーパック・ラル）や帝国の復活を批判する書物（代表的な論者の一部を挙げるに留めるが、チャルマーズ・ジョンソン、アンドルー・ベースヴィッチ、エマニュエル・トッド、マイケル・マン）は、現代世界の特質が重要な変化を遂げていることを無視し、またわれわれの社会が過去の帝国社会と異なるのは知識の利用の仕方にある点も無視している。

しかしながら、こうした議論に一貫して流れているものも一つあって、それは社会秩序とルールとの関係をどのように捉えるかという点である。そしてこれこそ一七七六年の時点で、アダム・

スミスが『国富論』において、そしてエドワード・ギボンが『ローマ帝国衰亡史』において、明晰な知性を生かして繰り広げた議論であり、それ以後にはこれだけ明快に論じたものはほかにないのである。

第1章

衰亡のモデル

イギリスと北アメリカになぞらえて

われわれの先人たちも、現代のグローバル化しつつある世界と似たような問題に直面したが、その際には彼らも、先人たちを参考にすれば自らを取り巻く世界を理解できると考えていた。政治権力によって推進されることもあれば、分裂することもある経済のダイナミズムに直面したときには、彼らはローマ帝国をモデルとして、自らの時代のジレンマを解決しようとしたのである。

ローマ帝国の苦境をめぐる議論は一七七六年に高まりを見せたが、この年はイギリスの統治への不満がアメリカ独立宣言に結実したときでもある。この年の四月一日、エドワード・ギボンはスコットランドの哲学者アダム・ファーガソンにこう書き送っている。「何とすばらしい本だろう。われらが共通の友人アダム・スミス氏は、人々に豊かな実りを与えたのだ。広範にわたる学問が一冊の書に結実し、深遠なる思想が明快この上ない文章で語られている」[3]。確かにこの年には、二つの重要な著作であるスミスの『国富論』とギボンの『ローマ帝国衰亡史』のそれぞれ第一巻が世に出たのである[4]。両書はすぐに評判となり、結局は、そこに提示された全般的な議論よりも、むしろ明快この上ない文章で書かれた見事な一節によって評価されることになる。どちらの書物の議論も、第一巻では必ずしも明快ではないが、完結したときには、この二つの著作が生まれた帝国社会の苦境を、いささか陰鬱に描いていることがわかったのである。

現代の解釈で一致しているのは、エドワード・ギボンがローマ帝国だけでなく、自らの時代についても書いているという点で、これは多くの人が受け入れる決まり文句のようになっている（評論家は実際、まったく違う時代の重要な論述に対しても同じような言い方をしたがるものである）。さらにこうした解釈がきっかけとなって、純粋主義者を自称する人間たちは、ギボンは自らを何よりも歴史家だと考えていたとの反応を示すことになった。[5] しかし歴史家であることと、自らの時代への考察を示すこととは、ギボンにとっては両立する作業であって、歴史家が影響力を持ち、あるいは真に歴史家であるのは、適切な主題を選ぶことを通じてのみ可能だとギボンは考えていた。当初ギボンは、歴史の材料となる主題、つまりほとんどが伝記的な性格を持つ歴史の主題として、数多くの作品を書くことを考えていた。フランスのシャルル八世、黒太子エドワード、ヘンリー五世、あるいはエリザベス時代の廷臣にして文筆家サー・フィリップ・シドニーやサー・ウォルター・ローリーなどである。これらの人物のどれを取っても興味深い論考が生まれただろうが、しかし十八世紀の世界観を揺るがせることはなかっただろうし、またそれによってギボンが当代を代表する歴史家になることもなかっただろう。またギボンはスイス人の歴史にも手を染めたが、これをサロンの聴衆に向かって朗読したところ、そこそこの興味と共感しか得られなかったので、生前には出版しなかった。その意味で古代ローマの歴史こそギボンの名を高めた壮挙であって、同時に大英帝国がいかに偉大とはかけ離れているかを示すものだった。

もう一つはっきりしているのは、歴史を書きながら、ギボンがローマへの真正にしてロマンティックな情熱をますます強めていったことで、のちに彼は、ローマの歴史というアイデアがどのように生まれたかについて、有名な一節を書き残している。

一七六四年一〇月一五日、ローマにあってカピトリーノの廃墟に囲まれて物思いに耽り、ユピテルの神殿で裸足の修道士たちが夕べの礼拝の歌を歌っていたとき、この都市の没落の模様を書こうという考えが、初めて心に浮かんだのである。(6)

しかしながら、この回想記は事実が間違っているだけでなく(現在、アラーコエリにある聖母マリアの教会はもとはユピテルの神殿ではなく、むしろ忠告の女神ユノの神殿)、根本的に誤りである。つまりこの記述は、のちのギボンの考え方を、若者の歴史的想像力に重ね合わせたものなのだ。最近の研究者、特にデイヴィッド・ウマーズリーが説得力ある言葉で述べているように、ギボンは「真の」歴史家として世を去り、自らもそのように考えていたけれど、当初は典型的な十八世紀の人間としてスタートし、いわば哲学的歴史家として過去を利用しながら、同時代の政治状況、社会状況を包括的に描こうとした点で、ギボン自身が負うところの多いモンテスキューに似ているのである。「歴史の主題は人間である」とギボンは大胆な結論を述べているが、実際には、一七七〇年代に彼が魅せられていたものが生まれるには、時間がかかっているのだ。

ギボンは、「人類の旺盛な好奇心」が「未来に浸透していく」ことを望むとすれば、それにはどのような方法があるかを考えていた。すなわち、「すでに過ぎ去った時代の出来事を遠い昔の著名人の名前で語ることで、人類は預言者を、それも真の預言者をきわめて容易につくり出してきた」というのだ。たとえばウェルギリウスはこうして、アエネアスや巫女を利用してきた。しかし十八世紀の作家であるギボンは、こうした明らかな詐欺行為には眉をひそめる。その代わりにローマの姿を探求する自らの行為を、イギリス王室と北アメリカとの関係になぞらえることを考えていた。一七七六年の春、友人のジョルジュ・デヴェルダンに宛てた手紙で、ギボンは次のように書いている。「議会でお会いしてから、著書を書き上げてアメリカを征服する必要が出てきたので、これまでの人生ではなかったほど急いで、公私の仕事や文筆に没頭することになりました」。さらに後年これを振り返って、同じ友人にこうも述べている。「現代の歴史では、諸々の帝国の衰退という問題が常に出てくるでしょうし、わたしが覚えている限りでは、貴下はイングランドの力を、ローマ人の力と同じくらい小さいものだとお考えになりたいようですね」。

『ローマ帝国衰亡史』を書きながら、ギボンは同時にアメリカの状況を追いかけていた。実際、現代一流の伝記作者によれば、ギボンは一七七〇年から一七七五年までの間に――つまり言い換えれば、『ローマ帝国衰亡史』の第一巻を準備している間に――ローマに関する書物だけでなく、議会とアメリカの状況について書かれた書物を数多く手に入れていたとされる。そして一七七五年の末になると、ローマについて述べた言葉と同じ言葉を使って、大英帝国を描き出している。

おそらく、この帝国はこれまで経験したことのないほど深刻な仕事に取り組むことになるだろう。黒い雲が帝国の上に今もかかっており、前に進むことが必要であろうとしても、戦いは困難なものとなり、結末はおぼつかなく、その果ては破滅であろう[10]。

『ローマ帝国衰亡史』という浩瀚な歴史書の特に初めのほうの巻では、エドワード・ギボンはしばしば重い教訓を差し挟んでいる。つまり、歴史とは「未来の時代の教訓とするために、過去の出来事を記録する作業なのだ」[11]。そして彼の読者たちはこの点を即座に理解していた。スイスの銀行家ジャック・ネッケルの妻であるスザンヌ・ネッケルは、ギボンとは旧知の仲だったが、この女性がギボンの功績とは「歴史の中にある広大な隙間を埋めたことであり……混乱の上に橋を架けて、古代と現代世界とを結んだこと」[12]にあると述べている。

ギボンは『ローマ帝国衰亡史』の冒頭で、初期ローマ帝国の平和な世界とその繁栄とを取り上げて、次のように述べている。

ローマ人による主要な征服がおこなわれたのは共和制時代だった……その性格と状況から平和を望んでいた［アウグストゥス］には、ローマが現在のようにおごり高ぶっていれば、武力を使うことで得られるものは希望ではなく、むしろ恐怖であることは容易に見て取れた。そして遠い場所で戦争をおこなえば、日々困難な状況が生じ、勝利はおぼつかなくなり、獲得できるものは少なく、益することはなくなっていく[13]（第I章）。

アウグストゥスの後継者たちも同じように平和的ではあったが、ただしそれは高潔な動機に基づいたものではなかった。

質実な共和制からの転換

共和制時代は質素な暮らしだったが、やがてそれが変化していくのは、商業が活発になって富が広がった結果、武器よりも贅沢品への消費が増えたからである。人々は張り合うようにして上流社会の派手な生活を真似るようになり、ギボンにとってはこれが古代ローマ人の生活の特徴と思えたのだが、それは十八世紀イギリス人の激烈な消費ぶりと同じものだった。

そもそも当初は、ローマの偉大さは帝国拡大の意欲が生み出したもので、というのも「アウグストゥスは日頃から、自分は煉瓦の首都を受けて、それを大理石の首都として残したと豪語していた」からだ。一般市民はこうした皇帝たちをすぐに真似て、贅沢を追い求めていく。

しかし皇帝たちが最初だとしても、彼らは支配圏をつくり上げた唯一の人間ではなかった。彼らのあとを広く主要な市民たちが模倣し、この市民たちは恐れることなく世界に向かって、自分たちは活力に溢れ、富を蓄え、高貴なる仕事をやり遂げると宣言したのである。コロシアムの壮麗なる建築がローマに捧げられるや、スケールはそれよりも小さいが、同じデザインと素材による建築がカプアやヴェローナなどの都市のために、それらの都市の公費で建てられた（第Ⅰ章）。

社会の商業化をもたらしたのは金持ちであり、彼らがほかの人間とは異なる消費パターンによって自らを差別化しようとしたことによるのであり、それが結局安易な模倣者を生み出すことになった。

共和制政体の特徴だったのはより公平な富の分配だったが、ローマはそれから大きく逸脱していく。すでにこれまでにも指摘があるように、富の不平等への変化とは、アダム・スミスが示した変化の姿ときわめて似たものである(14)。経済の発展、つまり人間社会の歴史は、段階を追って進んできた。定住生活をして農業や交易をおこなう姿は、人類の状況を永続的に改善する方向へと進み、商業活動が進歩の証《あかし》となる。

悪徳を広めたのと同じ自由な交易が、同様に社会の進歩を拡大していった。遥か昔、古代であれば、世界は不公平なかたちで分かれていた。東方世界は遠い昔から技芸と贅沢とを保持しており、一方西洋には礼儀作法を知らない好戦的な野蛮人が住み着いていて、農業を馬鹿にしているか、あるいは農業はまったく知られていなかった。それがローマ政府の保護のもと、温和な気候のもたらす産物、そしてより文明化した国々の産業が、徐々にヨーロッパの西の国々に入ってくる。こうして人々は自由で利益の出る交易により、産物を増やすとともに、産業の発展へと向かうことになる。動物にしても、あるいは植物にしても、アジアやエジプトから次々にヨーロッパへ輸入されたものを、すべて数え上げるのは、ほとんど不可能であろう（第I章）。

十八世紀初め、イギリスの諷刺作家バーナード・マンデヴィルは『蜂の寓話』を書いて、個人の悪徳は公共の善になるという、一見すると非道徳的な結論を導き出したが、ギボンはこの有名な議論を自分流に変更して提示した。マンデヴィルは個人の美徳を攻撃したとして、伝統的なキリスト教道徳の持ち主から激しく非難されたのだが、同じようにギボンも、キリスト教を疑惑の目で見ているとして、のちに攻撃を受けることになる。ギボンにとっては、帝国だけでなく、おそらくいかなる文明も贅沢と消費をもとに成り立っているものだった。

ローマ帝国のもとでは、勤勉にして創意溢れる人々の労働はさまざまなかたちで、しかも絶え間なく金持ちのために使われていた。金持ちの衣服、テーブル、住まい、家具、嗜好品などは、自らの虚栄心をくすぐり、欲望を満たすものであれば、使い勝手や優美さ、豪華さを高めることと結びついていた。こうした洗練は贅沢という唾棄《だき》すべき名前をつけられて、いつの時代の道徳家からも激しく非難されてきた。しかし、こうしたものがすべて人間生活の単なる飾りではなく、必需品であるとすれば、人類の幸福のみならず、人類の美徳を高めるものとなるのかも知れない。けれども現在のように不完全な社会では、贅沢が仮に悪徳や愚行から生まれるとしても、それは不平等な財産の分配を正す唯一の方法にも思えるだろう。

確かに、贅沢がいかなる問題も解決しなかったのは、富裕階層を生み出すのに不十分だったからではなく、贅沢への抵抗力を奪い取り、それ故に不正なものだったからだ。商業のみから生まれた文明は、きわめて脆弱だったのである。贅沢は怒りと不安を生み出した。東方世界の価値（「遠い昔から技芸と贅沢とを保持しており」）へと戻る動きがあったのだ。コンスタンティヌス帝のもとで、兵士たちは「文明生活の悪徳のみを身につけた」。

彼らは手工業にいそしむことで堕落していくか、風呂や劇場といった贅沢によって衰弱した。その結果、まもなく彼らは軍事訓練をおろそかにして、食事や衣服に気を遣うようになり、帝国の臣民には恐怖を煽る一方で、蛮族が攻めてくれれば震えたのだ（第I章）。

軍事力の衰弱

ローマほど文明が発展していない国々では、軍事力はずっと効果的だったかも知れない。「牧歌的な国々の風俗」を観察したギボンは、「牧歌的な風俗は、平和と無垢が高度に行き渡っているので、軍事的生活という過酷にして残酷な習慣にはずっとうまく対応する」(第I章)という。ギボンの叙述にはこの点がくり返し出てくる。

社会がさまざまな状況になっていれば、軍隊の徴募はありとあらゆる動機に基づいておこなわれる。蛮族はそもそも好戦的だから軍人となる。自由な共和国の市民は義務感に促されるかも知れない。王国の臣民、あるいは少なくとも貴族は名誉心に突き動かされる。しかし衰退しつつある帝国に住む臆病で贅沢な住民たちは、富を求めて軍務に就くか、罰を恐れてやむを得ず軍に入るのである(第I章)。

ギボンはこれでは防衛の方法としては不十分だとの確信を持っていた。国王ジョージ三世の軍はドイツ人傭兵に頼っているが、それでは北アメリカの独立を止めることはできないのは、ギボンには明々白々のことだった。その回想録においてギボンは、ハンプシャーの民兵組織を率いたときの経験(一七六〇年のこと)を述べている(15)。

ローマと文明が蛮族の国々と対照的なのは、文明の発展とともに増加する収入の格差による。

文明社会においては、人間のあらゆる能力が広がって使われることになる。そして相互依存の大きな輪が社会の成員の一部をつなぎ合わせ、これを包含する。そのうちもっとも数多い部分が、絶えざる有用な労働に使われる。だが、必然を越えた運命によって選ばれた少数者は、利益や栄光の追求、自らの財産の拡大や理解力の向上、義務や快楽、さらには社会生活の愚行にも時間を費やすことになる。だがゲルマン人にはそうした多様な生活はなかった（第I章）。

同じような理由によって、ローマ人は防衛力を衰退させるとともに、知的なダイナミズムを失っていく。つまり、社会から競争意識がなくなっていくのだ。大衆化の波を受けて、思想が弱まり陳腐なものとなっていき、快楽主義と消費がさまざまな価値を蝕《むしば》んだ結果、社会構造が弱体化していったのである。

プラトン、アリストテレス、ゼノン、エピキュロスの権威は、依然として学問の世界を支配していた。そして彼らの学問体系は次々と世代を超えて盲目的に崇拝されていき、人間精神の力を使い、あるいはその限界を広げるという惜しみない努力は排除されていく……。多くの批評家、編纂者、注釈者たちの雲が学問の表面を暗くして、天才の衰退のすぐあとには趣味の堕落が起きるのである（第I章）。

明らかな衰退を目にして、もちろんかつての美徳による支配を復活させようとする試みも何度かあった。たとえば皇帝デキウスは昔の監察官制度を復活させようとした。「まもなくわかったことは、公共の美徳、古代の原理や習慣、そして法の権威を取り戻すことなく、確固たる基礎に基づく偉大さを復活させるのは不可能だということだった」。だが戦争がこの野望を打ち砕くことになる。「戦争がまもなく起きるということで、この見かけ倒しにして実現不可能な計画の遂行は、水泡に帰したのである」。ローマはにっちもさっちもいかない苦境に追い込まれた。真に強力な軍隊を生み出すには、道徳の改革が必要だが、間際に迫った戦争に備えるには、社会の徹底的な改変、改革には目をつぶらなければならない。

防衛費は巨額に達していた。マルクス・アウレリウスはユリアヌスと並んで、ギボンが理想としたローマ皇帝だが、彼はアウグストゥスの平和な帝国を復活させたいと考えていた。

戦争は人間精神を汚《けが》し、災禍に陥れるものだとして、彼はこれを嫌っていた。しかし正当な防衛が必要となれば武器を取るしかないと考えたとき、彼はドナウ川の凍てつく岸辺でおこなわれた八回におよぶ冬の戦闘に自らも参加し、その激しさが結局、生来蒲柳の質の身体には命取りとなった（第Ⅰ章）。

こうして衰退は避けようがないものとなる。

アウグストゥスの治世からセウェルス・アレクサンデルの時代まで、ローマの敵は国内にいた。暴君と兵士たちである。そして繁栄するローマは、ライン川とユーフラテス川の向こうで起こる可能性のある革命に、ほとんど関心を抱いていなかった。しかし激しい混乱の中で、軍事秩序が王侯の力、元老院の法律、そして野営地の規律すらも弱めてしまうと、長い間前線に待機していた北方と東方の蛮族が、衰退する王国の各地に大胆な攻撃を加えたのである（第I章）。

こうしてローマ帝国は、辺境地帯を絶えず侵略する戦争に直面することになる。

ローマ人は、軍団の手になる公正な行動に冷ややかに軽く触れるだけで、地方が次々と蛮族の軍隊に侵略されて荒廃しても、同胞の苦しみに同情することもなく、それを声高に嘆くこともなかった。一つの町が荒廃する模様、あるいは一つの家族が受けた不幸を簡潔に記した叙述（仮にそうしたものが存在するとしてのことだが）があれば、人間の行動を興味深く教訓を込めて描いたことだろう。だが、漠然と大声で語られる不平不満がいつまでもくり返されるだけでは、いかに我慢強い読者でも注意が散漫になってしまう（第I章）。

変転きわまりない状況のもとで、改革への動きを混乱させたのは贅沢の伝統だった。皇帝クラウディウスはこうした混乱を振り返って、次のように述べている。

圧政によって破滅し、絶望で気力を失った国民は、数多くの人間からなる軍隊に贅沢の手段どころか、生計の手段すらも与えることがもはやできなかった。一人一人の危険は専制的な軍事秩序とともに増していたが、これは玉座の上で震える王たちが自らの安全を守るために、不愉快な臣下を即座に犠牲にしたからだった（第Ⅰ章）。

さらに国内の混乱も起きていたが、これもまた商業社会と贅沢へ向かう動きが引き起こしたものだった。「社会の平和を脅かす犯罪のほとんどは、必要だが、しかし不公平な財産法が人類の欲望を規制したことによるものであり、多数の人間が欲しがるものを少数の人間にしか与えなかったことによる」。

帝国による支配はますます威圧的になり、それを逃れる術《すべ》はなかった。同時に、過去の自由だった時代を思い出すと、現在の隷属状態が余計に苦痛となる。多くの国々を征服したことで、「状況はますます完璧にひどいものとなって、およそいかなる時代、あるいはいかなる国で暴政の犠牲者となろうとも、これほど惨めとは言えないまでになった」（第Ⅰ章）。近代ヨーロッパの圧政がこれほどでもなかったのは、ヨーロッパが多くの国に分かれていたことによる。

キリスト教の進展

ローマ帝国の価値に対するもっとも重要な反発は、キリスト教信仰だった。キリスト教が生まれたのは、贅沢に対する反発の波が起きていたときだった。キリスト教の誕生とローマの価値観が崩壊していく部分を扱う章は、瞬《また》く間にギボンの書物の中でももっとも有名にして議論が百出するものとなっていく。ローマから見れば、キリスト教は帝国の土台を侵食するものだった。コンスタンティヌスがキリスト教に改宗したことはこれまでの価値観を揺るがすものだったが、この人物をギボンがきわめて問題のある皇帝だとみなしたのは、単にギボンが聖職者に偏見を抱いていたからではない。それどころか、(異教信仰を復活させようとした)背教者ユリアヌスは、ギボンの大著の中では偉大な英雄の一人として扱われている。キリスト教についての議論は、実は商業社会の弱点をめぐる議論と深く結びついていたのである。

中でも問題だったのは、キリスト教徒があのマンデヴィルの考え方、つまり個人が好きなように行動することは、社会全体の利益になるとの考えを拒否したことだった。「大きく違っていたのは、われわれの敬虔な祖先の考え方だった。完璧な天使の姿を意味もなく真似ようとして、彼らはあらゆる現世の肉体的な喜びを軽視し、あるいは軽視するそぶりを見せた……。まず喜びを感じることは、悪徳の始まりとみなされた。天国の声に耳を傾けない人間は、味や匂いといった粗雑な誘惑に抵抗するだけでなく、調和ある音楽という冒瀆的なものに耳を塞ぐことまで求められ、人間のつくりあげるもっとも優れた芸術作品も冷たくあしらうように教えられたのだ」。そしてキリスト教徒は商業に背を向けていた。

結論としてギボンはこう述べる。「キリスト教徒は現世の喜びと同時に、商業にも反発する」。しかしそうなれば、商業への愛着は復活しないとしても、何らかの行動を好む気持ちが復活してくる。「初期のキリスト教徒は現世の商業と喜びには無関心だった。だが完全には消滅しなかった行動を好む気持ちがまもなく復活し、教会を運営することに新たな仕事を見出した」（第I章）。こうして贅沢への反発は、非生産的で口うるさい官僚主義の誕生で終わることとなる。

『ローマ帝国衰亡史』の巻末「西方におけるローマ帝国衰亡に関する全般的考察」と題する部分で、ギボンは本書の内容をまとめようとするが、そこを読んだ現代の読者はほとんど誰もが落胆を覚えるだろう。というのも、ギボンはそこには何らおもしろい話はないと述べているように思えるからだ。「ローマの没落は不必要なまでの拡大が生み出した自然にして必然の結果だった」。この結論は、それまでの長きにわたる歴史的分析と比べて、あまりにも大ざっぱなように思えたのか、ギボンはこうした平凡な結論を弁明するかのように語るのだ。「ローマの没落の物語は単純にして明白である。なぜローマ帝国が崩壊したかを探るのではなく、むしろわれわれはそれがかくも長く存続したことに驚くべきではないか」。おそらくそこには、現在とのこれほど明白な類似を押しとどめる何かがあったのだろう。

ジョン・ポーコックはギボンが、マキャヴェリ流の公共的人文主義の伝統に深く根を下ろしているとともに、美徳を大きな理想とする点で政治的には共和制に愛着を抱いていたと考えている。けれどもギボンの手になる長大な物語は、むしろジャン＝ジャック・ルソーのロマンティックな悲観主義へと移り変わる地点にあるのではないか。つまり、「社会を野蛮から引き離し、美徳と文明へ同時に向かわせるものが、その基礎を腐敗によって打ち崩し、結果的には美徳と自由すらも決して両立せず、後者は野蛮へ向かい、前者は腐敗へ向かうという逆説」[16]が見られるのである。ポーコックはさらに、こうした考え方はギボンの議論の構造に浸透しているように思えるが、同時にローマ文明の没落の物語の教訓としては、きちんと表現されてはいないと述べている。

実際のところ、ギボンは結論を明確に述べる必要をそれほど感じていなかった。読者が頭を働かせれば、結論に至るのは容易だったからだ。そして事実、読者はそうした結論に達していたのである。

政治腐敗の分析はおなじみのものだった。この十八世紀流のアイロニーの名手の生活には一つの重いアイロニーがある。ギボンは腐敗こそ衰退の源だと批判したが、その彼がノース卿に雇われて俸給をもらいながら安逸に暮らしていたのである。こうした姿は当然諷刺の的となる。ある人物、おそらく大きな抵抗勢力であり、議会での雄弁で知られたチャールズ・ジェイムズ・フォックスだろうが、彼が書いた詩は、フォックス自身が持っていた『ローマ帝国衰亡史』の中に書かれていたと言われるものである。

彼の書物が見事に描くのは
腐敗と賄賂がどのように
偉大なローマ帝国を崩壊させたかである。
そして彼の書いたものには
堕落があると述べられているが
その堕落とは彼が家で示す行動に見られる。(17)

商業への興味と没落

スミスとギボンの仕事の間には重なり合う点が多くある。おそらくこれは驚くに当たらないのであって、両者は友人同士だったし、何らかの連絡を取り合うこともあったからだ。また二人はある歴史的出来事に同じような反応を示していた。つまり二人の著作は、商業の興隆と没落に関して同様の物語を語るものなのである。

ギボンと同じく、スミスは『国富論』の冒頭で商業の繁栄を検討する。この部分は『国富論』の中で、間違いなくよく知られていて記憶に残るものだろう。裁縫用のまち針をつくるピン工場を、分業によって生産性が向上した例として示すこの有名な部分は、『国富論』開巻まもない部分に出てくる。現代の読者、そしてスミスの名前を広めるに当たって貢献した人物の中には、第一編に示された内容に満足してその先を読まない人もいるようだし、事実この部分は一つのカリカチャーを生み出し、十九世紀の「スミス学派」という言葉にもそれが現れている。同時に驚くべきことは、『国富論』出版後一〇〇年および二〇〇年記念の行事が前提としていたのが、スミスの世界とその時期の世界とが基本的に平和だったということである。まず出版後一〇〇年経った一八七六年五月三一日には、ウィリアム・グラッドストンを議長として政治経済クラブの夕食会が開かれ、基調講演をおこなったロバート・ロウが、スミスが間違ったのは唯一「自分が示した説が正しいかどうか、十分な自信を持てなかったことによる」[18]と述べている。一九七六年には、市場の可能性についてはそれほど楽観的ではなかったが、『国富論』出版を祝して出された主要な書物の中で、アレック・ケアンクロスは、スミスが国家が果たすことのできる、そして国家が果たすべき役割を低く見ていたと考えて、こう述べている。「国家が発展と進歩とを進めるための努力が足りなかったことこそが、国家の建前に対してスミスが悲観的な見方に傾いた理由だった。その点で彼は状況を誇大に見ていたことは間違いない」[19]。つまりこうした著名な人物によれば、市場と国家はともに平和を押し進めてきたというのだ。実は、スミスの著作の読者には明白なことだったが、ピン工場の説明は始まりに過ぎなかった。言ってみれば、聖書の記述の冒頭にあるエデンの園の話と、同じような役割を果たしていたのである。

ところでアダム・スミスの『国富論』の読者は、第五編に達する前に本を閉じてしまう人がほとんどなのではないか。実はこの第五編では、ローマの苦境が扱われていて、そうした箇所は『ローマ帝国衰亡史』の縮刷版のようにも読めるのである。まずスミスはギボンとそっくり同じく、学者や修道士への嫌悪感をはっきり示している。「オクスフォード大学では」とスミスは述べる。「教授の大多数は長い年月にわたり、教えるふりをすることすらまったくやめている」[20]。また聖職者とはたいてい社会の排水溝のようなものであって、オクスフォードで学んだギボンも、「モードリン［カレッジ］の修道僧」[21]から直接被害を受けていた。では知識人、とりわけ聖職者はなぜそれほど寄生虫のように有害なのか？　この問題を考える上で基礎となるのは、商業社会の発展を政治経済両面にわたって描いた複雑にして入り組んだ叙述である。

まず何よりも第一に、商業国家が脆弱になるのは一つの大きな理由があるからだ。すなわち、富は必然的に嫉妬を煽り、その結果、安全の問題が脅かされることになる。

同時に富とは常に農業と製造業の発達によって生まれるものであり、実はそのような発達が生み出す産物が増加することにほかならないから、隣国すべての侵略を引き起こすことになる。仕事に熱心で、それ故に豊かになった国は、あらゆる国家の中でもっとも攻撃を受けやすくなる。そして国が防衛のために何らかの新しい方策をとらない限り、国民は自然の性向として、自らの守る力をまったく持たなくなる（第Ⅱ章）。

十七世紀のオランダはまさにこうした不吉な国家の前例であって、商業面では成功を収めたものの、戦争の際には自らを守らざるを得ず、それが破滅的なほど経費を必要としたのである[22]。

この時代に政治に関して著述をした人間はすべて同じだが、スミスも防衛こそ「主権者の第一の義務」と考えていた。そしてその負担は、ある程度の大きさの国家にとっては必ずしも高額になるとは限らない。なぜならスミスは、自分がハイテクの時代に生きていることを知っていたし、戦争がますます一方的なものとなっていたこともわかっていたからだ。進歩した国家には一つの利点があって、それは国の防衛にテクノロジーを使えるからである。「しかし戦争の技術は、間違いなくすべての技術の中でもっとも高級なもので、したがって社会が発展を遂げていけば、それとともにきわめて複雑なものとなっていく」（第Ⅱ章）。そのためスミスの考えでは、文明は爆薬の上に築かれるのである。

近代の戦争では火器に膨大な経費がかかるので、その費用を負担できる国が明らかに有利になる。その結果、豊かな文明国が貧しく未開の国より有利になった……。近代では、貧しく未開の国は、豊かな文明国の攻撃から自国を防衛するのが難しくなる。火器の発明は一見するときわめて危険に見えるが、文明が永続して拡大するには明らかに有利となっているのだ（第Ⅱ章）。

こうして技術力の優位が商業国家に大きな力を与えるのだろう。商業は必ずしもオランダのように、国力を弱めるわけではないのだ。スミスはまた、防衛を必要とすることの中心にはもう一つの問題があると考えていた。権力と軍隊が突出すれば、社会の不平等に影響が出ることを懸念していたのである。つまり、武力と帝国から誰が利益を得るか、議論が分かれると考えていたのだ。

このため『国富論』の第五編には、民兵と常備軍のどちらが効果的かをめぐって幅広い考察がおこなわれている。戦争が技術力の勝負になれば、それだけ専門的な力が必要となる。そこで第一編のまさに冒頭で鮮やかに示された分業の原理が、ほかの部分と同様にここにもきちんと適用できるので、だとすれば、スミスの考えでは専門の軍人を持つほうが望ましい。「分業はどの分野でも言えることだが、戦争技術の発展には不可欠のものだ」（第Ⅱ章）。

けれども、常備軍を維持するには、統治の面で多額の経費が必要となるかも知れない。特に共和制ローマの崩壊という歴史の前例は、真剣に考慮する必要がある。つまり、カエサルの常備軍がローマの共和制を崩壊させたのだが、「主権者自身が軍の司令官であれば」、常備軍が自由よりも好ましい場合があるかも知れないのだ（第Ⅱ章）。これに対して、何度か続く戦争で戦った民兵部隊が、常備軍と同様に戦いの専門家になる可能性もあるだろう。スミスの考えでは、こうした戦闘力の向上はアメリカ独立戦争の過程で見られたもので、その理由はジョージ・ワシントンが、もともとは国のことなど考えず、ばらばらで口論ばかりをしていた民兵を、戦闘能力の高い軍隊に何とか育て上げたためだった。こうして民兵は、常備軍にかかる統治面での経費を削ることができたのである。

進歩した（「文明化した」）国が外敵から自らを守るために必要となる理由は、同じく国内の混乱という脅威を防ぐ際にも必要となる。ここでも政治秩序や安定にとって脅威となるものが存在したわけで、それはスミスによれば、十八世紀イギリスのまさに現実だった。

スミスは後世の論者のほとんど誰よりも、富の分配を憂慮していた。進歩した国家とは不平等な国家でもある。そうした国では、金持ちは法律で守られているが故に、金持ちであるに過ぎない。

ところが他人の財産を侵害しようとするのは、金持ちの場合にはどん欲と野心、貧乏人の場合には、労働を嫌って、現在の安逸な暮らしを守りたいとする感情に突き動かされたときだが、こうした感情は遥かに着実に動き出すものであり、しかもその影響力は広い範囲に及ぶものである。大きな財産があれば、必ず大きな不平等がある。大金持ちが一人いれば、そこには少なくとも五〇〇人の貧乏人がいるはずで、少数の豊かな人間がいるところには、貧困に苦しむ人間が多くいるものだ。そして金持ちの豊かさは、貧乏人の憤りを刺激し、苦しい生活に突き動かされるとともに、妬みに駆られて、金持ちの財産を奪おうとする。だとすれば、司法制度に守られていない限り、貴重な財産を持つ人々、つまり長い間働いて、あるいはひょっとすると何世代にもわたる労働で財産を築いた人は、一晩でも安心して眠ることはできない（第Ⅱ章）。

富の減少がもたらす政治権力の拡大

こうして富や資産が減少すれば、国は常に不安定となり、高度な安全を確保するために、政治権力が拡大する必要が出てくる。そしてこれはスミスの考えでは、健全な発展とは言えなかった。また分業は道徳や知的想像力にとっては致命的なものとなるかも知れない。そこで再びスミスは、第一編の冒頭で示した幸福な情景と反対の姿を、第五編で示している。分業体制は働く男女を「少数の単純な仕事」に限ってしまい、その結果、大きな悪影響が生まれる。労働者は

したがって工夫を凝らす習慣を自然に失い、人間として最低なほど、愚かで無知になっていくのが普通である。頭を使わないから、知的な会話を楽しんだり、そうした会話に加わることもできなくなるだけでなく、寛容にして気高く、あるいは優しい感情も持てなくなり、その結果、私生活での普通の義務ですら、多くの場合は適切な判断を下せなくなる。

これに対し、「未開の社会では」、「創意工夫は常に発揮され、頭もそうしたぼんやりとする愚鈍に陥ることもないから、文明社会で下層階級の大多数が理解力を失っていくように見える姿とは異なるのである」(第Ⅱ章)。

『国富論』以前の著作である『道徳感情論』では、スミスは一種のトリクルダウン方式(国が大

企業に資金を流入させれば、中小企業や消費者にそれが及び、景気を刺激するという理論）を提示して、貧乏人は商業の発達した不平等社会を受け入れる可能性があると述べていた。「金持ちは……貧乏人と同程度しか消費しない……彼らは見えざる手に導かれて、生活必需品をほとんど同じくらい分配するが、この地球の住人が同じ割合に分かれていたとすれば、同じような分配がおこなわれていたことだろう」(23)。だが『国富論』には似たような一節はない。

その代わり、『国富論』では分業が生み出す無気力を扱った部分のすぐあとに、宗教を大きく取り上げた部分が出てくる。宗教は貧乏人を不道徳や無意味な生活から脱出する機会を与えてくれるというのだ。労働者が

大都会に出てくると、名もない人間としてその姿が隠れてしまう。自分の行動を見るものも注意するものもないので、自分に注意を払うこともほとんどなくなり、あらゆる下劣な浪費と悪徳に身を任せる可能性が高くなる。こうした名もない状態からうまく抜け出し、尊敬すべき人々の中で自分の行動が注目されるようにするには、小さな教団の一員になるのが一番である（第Ⅱ章）。

これこそ基本的には、ギボンがローマ帝国でキリスト教が生まれた経緯を語った部分と同じなのである。

失われる公共の利益

こうしてスミスは『国富論』の後半部分では、公共の利益が、膨大にして計り知れないほどの富の蓄積によって損なわれていく経緯に大きな注意を払っている。特に彼が激しく攻撃したのは、株式会社のアイデアと、そこに含まれた経営と所有の分離という考え方だった。

ところが、こうした会社の取締役は、自分の金ではなく、むしろ他人の金を管理しているから、パートナーシップに加わったパートナーのように資金を注意深く熱心に管理するとは考えられない。金持ちの執事のように、細かい点に注意を払うのは主人の名誉を汚すことになると考えるから、細部に目を配ることがおろそかになる。こうした会社の経営には、したがって怠慢と浪費が多かれ少なかれ、必ず蔓延するものである（第Ⅱ章）。

こうした株式会社の中でも、特に東インド会社と王立アフリカ会社は私腹を肥やすために、外交方針を歪めてきた。東インド会社は富を増やすにつれて、社員の腐敗が大きく増大していく。「同社は資産が大きく増えた結果、その従業員はそれ以上の浪費が可能となり、大きな不正を隠すことができるようになったのだ」（第Ⅱ章）。政府と異なり、こうした会社をきちんと制御することはできず、節度と責任を持って行動するだけの気持ちもなかった。

国民が幸せであろうと、悲惨だろうと、国内が進歩しようと、あるいは荒廃しようと、政治が栄光に満ちていようと、汚辱にまみれていようと、主権者がこれほど完璧に無関心だったことは未だかつてなかったし、ものごとの自然な流れからしても、金輪際あり得ないだろう。だがこうした貿易会社の株主の大多数は、抵抗しようのない道徳的要因からそうなっていたし、事実そうならざるを得ないのである（第Ⅱ章）。

スミスは最後に帝国の財政的利益と損失を計算する。それは破滅的なバランス・シートであって、イギリスは帝国の絶頂期にあるどころか、大きな危険をいくつも冒していたことに疑いの余地はほとんどない。この計算は、イギリスの債務が高額に及ぶことを詳しく述べて、そのために費用が高くつく植民地戦争を戦うのは難しいとの結論のあとに出てくるものだ。こうしてスミスはこの書物を終えるに当たって、イギリスの政策を激しく非難している。

イギリスの支配者は一世紀以上にわたり、大西洋の西側にある巨大な帝国を保持しているとの夢を国民に与えてきた。しかしこの帝国は、これまでは想像の中にのみ存在するものだった。これまでは帝国ではなく、帝国を築き上げる計画であり、金鉱ではなく、金鉱を発見する計画だった。そしてこの計画のために巨額の経費がかかってきたし、これまでと同じように進めていけば、今後も巨額の経費がかかり続け、その巨額の経費の割には、どのような利益も得られる可能性はないだろう。

スミスの偉大な書物の結語は、イギリスを戦費の負担から解放し、「この国が置かれている地味な状況に合わせて、将来の展望と計画とを調整する努力」(第Ⅱ章)だとの言葉だった。

古代ローマの物語の中で、一つの重要な特徴がギボンにも、スミスにも際だって見えた。ローマがきわめて目を惹くものだったのは、商業で繁栄する偉大な帝国であり、しかもそれが没落したからだけではなく、その没落がある面では、近代ヨーロッパ文明の大きな宗教の発展と結びついてもいたからだ。スミスとギボンから一世紀あまり経って、フョードル・ドストエフスキーはこの点を恐怖を覚えるようなかたちで指摘している。すなわちドストエフスキーは『地下生活者の手記』の中で繁栄を謳歌する世界を描きながら、そこでは「ただ眠り、菓子を食べ、世界を動かし続けることとしか考えない」(24)だろうと述べているのだ。古代ローマは同時にほとんど想像のつかないほど残酷であって、そこではクレオパトラが黄金の針で奴隷の娘の胸を突き刺していた。そしてこの世界にキリストが現れたのである。ローマはその美徳と悪徳とによって、商業社会のモデルに似通っていた。巨大な権力の象徴でありながら、同時に処理しきれない難題を抱えた国家の象徴でもあった。

ローマ帝国は地域の諸信仰を多元的な宗教世界に統合することで、新たな地域を次々と帝国の支配圏に組み入れていった。巨大なローマのパンテオンに次々と神々が加わっただけで、名もない地域の神像は帝国の神々と並んで座り、張り合うこともなければ、衝突することもなかった。多神教の基礎となっていたのは、相違や地域の伝統を深く尊敬することだったが、それとともに、その尊敬には政治的な動機が含まれていた。ローマ人は多神教を帝国の基盤と考えていたので、ローマは世界的な諸宗教の中心となっていく。それは古代ローマの神々を崇拝するだけでなく、ミトラ神やエジプトの宗教儀式、そしてもちろんきわめて排他的なキリスト教をも崇拝するものだった。

二十一世紀においてこれに匹敵するものを探すとすれば、中心となる文化はもはや宗教的なものではなく、文化多元主義である。幅広い文化の多様性を尊重して、文化相互の和解と理解とを求めるものだ。工業社会で暮らす人々は、自分たちがもはや「西洋的な」音楽や伝統的な食生活を持っているだけではないことを自慢し、フランスの香水を売る店だけでなく、東洋の香《こう》や神秘主義を重視することを誇らしげに語る。こうしたことが現代の生活、特に現代の都市生活を、一層興味深く価値あるものとしてきたのは間違いあるまい。

しかしながら、そこには人間の特定の能力、つまり価値判断の能力が停止していることも含まれている。多様性とはほかの価値を盲目的に受け入れることを意味し、相違や「他者」についての価値判断を抑えることにほかならない。「価値判断をする」ことが恥ずべきこととなっているのだ。何かの決定を下す唯一の基礎とは空疎な功利主義であり、これはもともと、ヨーロッパがその版図を広げ始めていた時期に誕生したものだった。ジェレミー・ベンサムの有名な言葉によれば、立法者の目から見れば、ダーツは詩と同じくらい価値があることが重要だったのである。

以下の章では、地理的にも大きく離れ、文化的にも違いが大きい地域をまとめあげるには、ルールを定めるにしても、それが気まぐれで恣意的と思えないようにするために、きちんと理解された適切なものであることが必要な点を示したい。もしこの考え方が正しいとすれば、多神教、あるいはその現代版である文化多元主義への道は、一つの大きな問題を生み出すことになる。そして事実、現在の状況はもう一つの「ローマの苦境」を生み出す方向へ進んでいる。すなわち、価値が多様化することで離反が進むのか、あるいは一つの価値体系を力で押しつける結果、容赦なく激しい反発が生じて離反が進むのか、このどちらかである。ローマ帝国はコンスタンティヌスのもとで、多神教から一神教へと進路を変えたが、この動きはギボンにはきわめて残念な道筋と思えた。これに続いて、普遍的な支配あるいは世界支配（あるいはそれに近いもの）が試みられ、キリスト教化したローマ帝国、あるいは初期のイスラム教の拡大などが生まれたが、これらは世界を一つの価値体系、つまり一神教と結びつけようとするものだった。(25)けれども、非西欧世界から生まれた、一神教ないしは一つの強く一貫した信仰体系によってすべてを結びつけることは、絶えざる反発や衝突を引き起こす可能性がある。そうなれば周辺地帯は不安定になり、中心部は腐敗していくことになるだろう。

第2章

水星と火星——商業か戦争か

グローバル化とは何か

二十一世紀の初頭にいると、アダム・スミスとエドワード・ギボンの世界は遥か遠くに見えるかも知れないが、グローバル化の進行が引き起こす問題への彼らの答えは、依然として驚くほど鋭いものがある。世界を支配する唯一の力が存在するのか、そしてその権力の限界や弱点とは何か？　一つの価値体系、ローマが一神教へ転換したとすれば、現代でこれに当たるものは何であり、それは新たな帝国主義の一部として押しつけられるものなのか？

二十世紀も終わろうとする時代に進んだ経済統合は、「西欧」という言葉を普遍的概念にまで広げることになったが、これを助長したのは、国境を越えて物や資本、労働力や思想、テクノロジーが移動したからだった。要するに、今では広く使われる「グローバル化」なる現象が進んだ結果、こうしたことが生まれたのである。確かにこの言葉が広く使われるようになったのは、たかだか一九八〇年代初頭のことなのだが、そうした言葉の歴史が示すよりも、実はこの現象はそれよりずっと前から進んでいたのである。この章では、「グローバル化」の基礎となる概念を検討することにしたい。

グローバル化とは一つの切れ目のない流れではない。経済的要因（そして思想もだが）から進んでいく流れに対して、これに反対するものが生まれると——とりわけ二十世紀の二つの戦争に挟まれた時代——統合の動きは止まり、後戻りすることになる。一九四八年から四九年にかけての時代のあと、いわゆる冷戦時代の「西欧」には、統合の動きが再燃して、続いて――一九八九年から九一年にかけての政治、経済の大変動以後――統合の動きが全般的に広まっていく。ロシア、インド、メキシコ、韓国は、過去一〇〇年近くの間のほとんどを、かなり異なる道を歩んできて、国による経済管理の強い伝統を持っていたのだが、一九九〇年代を迎える頃には、これらの国のすべてが経済的な意味では「西欧」に入ってくる。さまざまなものを受け入れて、法律による支配や、ルールを定める手段として民主主義を、そして財産権を守る制度をきちんと築き上げ、成果を最大限に活用する方法として自由な交易（市場）を受容していくのである。

冷戦時代の終焉と西欧化した世界

二十世紀の終わりには、世界はすでに「西欧」となっていたが、この言葉の意味については曖昧な点が数多くあった。これはアメリカの価値観を意味するのか、あるいはアメリカとヨーロッパの混合したものなのか、それとも先進工業国、つまり日本、ヨーロッパ、アメリカなど、要するにG７の会合でその政治が議論され、ときには協調体制がとられるものを指すのか？　新しい時代の始まりを鮮やかに示したのは、一九八九年十二月、マルタ島沖に停泊していたアメリカ艦船上でおこなわれた有名な会談で、これは冷戦時代の終わりを告げるものとしてしばしば取り上げられる。アメリカの国務長官ジェイムズ・ベイカーが、「西欧の価値観」の強化を通じてドイツ統合を確固たるものとする必要性を語ったところ、ソ連共産党の書記長だったミハエル・ゴルバチョフは、民主主義と市場がなぜ「西欧のもの」なのか、それらは「人類すべての共通する」価値ではないのかと尋ねた。[26] 自由を基礎として確立された世界（言い換えれば、政治的選択と市場の選択を並行するものとして捉える立場）は、今も力強い説得力を持ち続けている。何よりもそれが平和を保証するように見えるからだ。しかしこれは誰をも説得でき、その結果誰もが平和的になるほど魅力的なものなのだろうか？　この点に関してはいささか疑念を持たずにはいられないのだ。

共通の経済観による同盟

大西洋を挟んで向かい合う同士の間で、いかに安全保障問題が悪化しても、あるいは太平洋を隔てた同士の間で人民元と円の価値をめぐって小競り合いがあったとしても、経済面での強力な相互関係と複雑な構造（グローバル化の結果である）はきわめて大きく、これが政治的緊張を和らげるという楽観論は常にある。確かに、現代社会で対立しても、表面上はそれを忘れられる理由は、両者が相互に依存していると考えるからであり、悲惨な結果になる可能性はない。たとえばかつてイギリス首相だったハロルド・マクミランはケネディ大統領に向かって、政治や軍事の同盟よりも、「緊密に結びつく自由世界の確立は、共通の財政と経済政策によることが多《おお》い」[27]と述べたという。民主主義が進んだ国同士では失うものが大き過ぎるから、戦争状態に入ることはないのである。[28] 商業の神である水星は、戦争の神である火星を何とか追放した。われわれはこうした議論と、そこに含まれる意味については大いに安心感を抱いている。いやひょっとすると、安心し過ぎているのかも知れない。

かつて国が大きく繁栄した時期にも、同じような発言をする人は数多くいた。十九世紀半ば、クリミア戦争が始まる前や、あるいは二十世紀初頭である。たとえばジョン・ヘンリー・ニューマンの『わが生涯の弁明』（一八六四年）では、イギリスにおける自由貿易を擁護した重要な人物、リチャード・コブデンとジョン・ブライトの著作から有名な一節を引用して、商業と平和に関しての広範な主張を使いながら、次のような結論に至っている。

頑迷なる人間性を捉えて前進させ、それを従順にしようという［試みがあった］。一〇年前には商業活動の影響と、有用にして優れた技芸により、戦争は永遠になくなるとの希望があった。しかしこの地上のいかなる場所に、われわれを押しとどめ、それにより地球の前進を阻むものがあるなどと言う人間がいるだろうか？[29]

現代世界には「確固たる事実」があって、それは「触れることのできない経済力が武器の力を無にしている」というのは、こうした考え方の中でももっとも有名な、あるいは悪名高い言葉だが、これはノーマン・エンジェルの『大いなる幻想』（一九〇九年）に出てくるものだった。エンジェルの著書のねらいは統治と帝国の性格が、経済の相互依存によって変化したことを示す点にあった。彼はそこに、被支配民族からの貢ぎ物の収奪の上に成り立つローマの帝国主義との根本的違いを見出していた。

　ローマは市場をつくり出す必要もなく、市民の働く場所を探す必要もなかった。しかしわれわれには必要である。ではそれはどのような結果を生み出すのか？　ローマは征服した地域の繁栄に、あまり気を遣う必要がなかった。だがわれわれは違う。そうした地域が繁栄しなければ、市場はなくなり、投資をする場所もなくなるのだから、われわれはあらゆる点で、ローマにはできたことを避ける必要がある。(30)

　けれども、支配階級のエリートの心に、ローマのようにしたいとの衝動が抑えがたくあったとしたら、どうだろうか。そのときにはブライトとコブデン、エンジェルは間違ったことになり、ニューマンが正しくなるだろう。

　それではニューマンが発見した誤りとはどこから生まれたものなのか？　経済が政治や安全保障の方向を決定するのが事実だとすれば、主要工業国の間にはあきらかに合意が生まれるだろう。そしてフランシス・フクヤマの言うような「歴史の終わり」の時代に移行するわけで、こうしたビジョンは一九八九年以降、強力かつ明確に練り上げられてきた。現在ではこのような合意は、「グローバル化パラダイム」の中で描かれることが多い。多くの人々、中でもビジネスと関わりを持つ人々がくり返し強調するのは、世界が緊密に結びつき、政治面での障壁や政治論争はビジネスの論理にはそぐわない点だ。あの九月一一日と、それに続くイラク戦争以後、政治的な緊張は高まったにもかかわらず、資金や投資の流れは増加しているし、経済的な結びつきも弱まるどころか、大きな広がりを見せている。グローバル化の世界に生きていると考えている人々は、この経済的な相互関係の操作を好む場合が多いし、相互に繁栄を築くことで、よりよい国際関係を築こうとしている。

規制か自由放任か

これが可能になるのは、グローバル化を生み出す政策協議の基本にルールが存在するとの考え方があるからだ。この点を理解する上でもっとも簡単な方法は、ときとしてエコノミストだけでおこなわれる議論が、ルールと自由放任のどちらが優れているかに重点が置かれることである。現代の議論は自由よりもルールを重視する方向へ進む傾向があり、ルールによって行動を規制するための複雑なモデルが、優れた結果を生み出している。この点でもっとも有名なのは、これまで中央銀行構想に広く影響を与えてきたもので、そこでは政治から独立した中央銀行が、通貨のインフレ操作を防ぐようなルールを定めつつ金融システムを管理することで、各国が好ましい成果を挙げることができるとされる。これに対してほかの見方では、予測せざるインフレの爆発が起これば生産が活発になって、雇用も増える（政治的には望ましい影響が生まれる）のであって、その大きな理由としては実質賃金の減少に結びつくからである。一方、そうしたインフレが予想されたものであれば、景気刺激の効果は賃金の上昇で相殺されることになる。もし賃金交渉の当事者の目に、政府の立場が微妙な位置にあると映れば――つまりたとえば、連立政権をつくるとか、選挙が近いといったものだ――生産と雇用への効果はそれほど期待できず、仮に政府が抑制の方向へ向かうと、効果は否定的なものとなるかも知れない。だとすれば、政府がこれ見よがしに抑制策をとるほうが結果はよくなり、賃金を決める側は政府にできることは何もないと考えることになる。

こうした効果はほかの政治分野にも当てはまるのであって、たとえば金融危機の処理もその一つである。公的権力が財政出動や救済策を持って介入できるとなれば、預金者や投資家、銀行家などが無謀な行動に出る可能性がある。そのため一九八〇年代の貯蓄貸付けの危機の際には、預金保険があるために預金者は銀行の状況に無関心となり、その結果、銀行の行動や評判をきちんと監視することをやめてしまったために、きわめてハイリスクな投資戦略に出てしまった。救済策の可能性がなければ、貸付けは減るだろうが、同時に政治権力に課せられるリスクも減ることになる。

このような考え方は、金融や財政引き締めがおこなわれれば終わるわけではない。軍備の制限や削減に関して合意が生まれ、武器や武器製造工場の査察規定が生まれれば、軍備調達に高額の予算を費やすことが減って、安心感が生まれることになる。財政インフレの場合と同じく、協調してルールを定めることで悪の循環は止まり、各国が猫のように自分の尻尾を追いかけることもなくなる。だからこそ、世界を相互に関連のある全体として捉えること、つまり「グローバル化」にはルールの体系が必要なのである。

グローバル化に替わる概念としての帝国主義

それではグローバル化以外に目立つものはないのだろうか？「グローバル化」の世界観に代わるものとして、国家間の結びつきは不公平な利益を生み出すもので、そうした関係は搾取に基づくとする考え方がある。この考え方を示す便利な言葉は「帝国主義」であって、もちろんこれは一般的に非難の意味を込めて使われる。アメリカの政治手法を「帝国主義」と名づけるのは、ヨーロッパやほかの地域において反アメリカの立場に立つ左翼勢力がよく使うものであり、もちろん国内の批判勢力もこれをよく使う。外交史に関しては、ウィリアム・アップルマン・ウィリアムズが主導的立場に立つ学派が、このアプローチを強く主張してきた[31]。一九九〇年代には、帝国という言葉が特にアメリカの力を批判する方法として復活したが、これに大きな影響を与えたのは一九七〇年代から過激な革命理論を唱えていたイタリアの哲学者アントニオ（トニ）・ネグリで、彼は現在反グローバリズムの主導者となっている。そして二〇〇一年の九月一一日以降、特にイラク戦争が始まってからは、この世界観が膨大な書物を生み出すこととなった[32]。

中でも、ローマとのアナロジーを唱える立場は、すでに第二次世界大戦前後から大いに人気を集めたが、これはローズヴェルトが国際秩序にアメリカが大胆な主導権を握って関与することを主張したことへの反発が生んだものである。そしてこれを非難する人々はアメリカの帝国主義化を、共和制ローマの終焉および、それに代わるアウグストゥスによる帝政への道と同じようにみなした。アメリカの歴史家チャールズ・ビアードは一九三〇年代後半、こうした動きを激しく非難して、ローズヴェルトがヨーロッパの危機に介入することは、「外国の冒険主義への熱狂」の延長上にあると述べていた。ビアードはウォルター・リップマンの言葉「ローマが古代世界に対して存在し、イギリスが近代世界に対して存在したように、アメリカは未来の世界に対して存在する」を嘲笑する。これに対してビアードは、「ローマはスコットランドの国境からアラビアの砂漠まで、ライン川からサハラ砂漠までの他民族を征服し、統治して略奪したのであり、その末に瓦解したのである。およそ正常な頭脳を持つ人間で、アメリカが未来にそのような役割を、あるいはそれに近いものを果たせるとか、果たすべきだと考える人がいるだろうか？」と述べている。ビアードによれば、アメリカの外交方針が歪んだのは、海軍力の重要性を唱えたアルフレッド・セイヤー・マハンにまで行き着くのであって、そのマハンの心を捉えていたのはテオドール・モムゼンの『ローマ史』だった。そして一九九〇年代後半、冷戦時代のあとになって、アメリカの支配圏が広がるにつれて、この種の批判は再び人気を集めることになった(33)。

ところが奇妙なことに、このように批判的な論調が高まり始めると、これを補うかのように、アメリカは過去のヨーロッパの帝国のように、節度ある態度を取るべきだとの論調が出てくる。大英帝国の歴史を描いた刺激的著作の結論で、ニオール・ファーガソンは「グローバルな権力に求められる教訓」を引き出そうとする。彼によれば、アメリカは何よりも「技術的には立ち後れている国々に、望ましい価値観を与えるために多くのことができる[34]」というのだ。つまり、十九世紀イギリスと同じように、次々と介入をくり返すことでそうした国々に関わっていき、無意識のうちに有効な帝国システムをつくりあげることができるというわけなのだ。（イギリスの偉大な歴史家であるJ・R・シーリーの有名な言葉によると、放心状態に陥っている間に、ヴィクトリア時代の帝国がつくられたという）。マイケル・イグナティエフはボスニアとルワンダの残したものを頭に浮かべながら、ダイナミックな人権国際主義を唱え、これを「軽い帝国」と名づけた[35]。

ブッシュ政権に関わる人々さえも、カエサルのマントを脱がせたり、ヴィクトリア女王の冠を取ることをよしとしない人が多かった。ただし副大統領のリン・チェイニーは、二〇〇三年のクリスマス・カードにベンジャミン・フランクリンからの引用を載せている。「そしてもしツバメが神に気づかれることなく地面に落ちることはないとすれば、帝国が神の助けなく立ち上がる可能性もある[36]」。

「覇権安定論」

一つのモデルとしての帝国主義をめぐる新たな議論は、かなり錯綜している。特に、ジョン・アイケンベリーのような生粋のリベラルな国際派の中には、軽い帝国とは実は古色蒼然たるリベラルな国際主義だと指摘するものもいる[37]。では何が新しいのか？　一九九〇年代、特にルワンダやボスニアで人権が危機的なまでに脅かされたことや、新たに国際的なテロリズムに見舞われたことで明らかに生じている問題は、リベラルで寛容な国際秩序や国内秩序を壊すために、わざわざ遠くまで出かけて自爆テロをおこなう人間が数多くいることだ。では世界政府もない状況で、どうすればそうした人間たちにルールを守らせることができるのか？　覇権を握っている国による強制しかあるまい。

読者の多くは、こうした二つの世界観は同時に見られるものだと思うかも知れない。つまり、軽い帝国の精神に立てば、強制のないルールは無視されることになるし、またきちんとしたルールのない強制は独断的あるいは専制的として、広く拒否される可能性が高い。だとすれば、ルールとこれを強制するもの（つまり国家）の両方が、安定と秩序を生み出すには必要となる。チャールズ・キンドルバーガーとロバート・ギルピンの仕事をもとにして確立された著作があるが、そこで示唆されているのは、十九世紀のリベラルな秩序が生まれたのは、要するに覇権国が高圧的な態度を取らず、一九四五年以降のアメリカがこの教訓を学んだことによるという点である。[38]これはアカデミズムの世界では「覇権安定論」として知られるものである。

しかし十九世紀という時代を解釈するものとしては、「覇権安定論」はそれほど説得力あるものとは思えなかった。また経済の分野では、この議論ははなはだ疑わしく見えるものである。イギリスは産業革命の中で、古典的な産業のいくつかを支配し、石炭や綿織物の輸出では大きな勢力であり続けた。のちの経済学者だけでなく、同時代の人々もその多くが、鉄鋼生産こそ経済力の強さを示すものと考えてきたが、これは鉄鋼が船舶や銃を意味するため、経済力がそのまま力に結びつくからである。しかし鉄鋼の生産では、イギリスは十九世紀末にドイツ、アメリカに追い越されていた。実際、イギリスは大陸ヨーロッパやアメリカとの関係では、覇権を握ることはできなかったのであって、大陸ヨーロッパの人々は力関係を、かなりの数の(五ないしは、ひょっとすると七にもなるかも知れない)プレイヤーがおこなう大規模なゲームと考えていた。結局、大英帝国は、徐々に自立性を強める白人植民地と同盟を結び、インドを支配し、アフリカの分割で主導権を握ることになり、さらに多くの海軍基地を持っていたことが、世界の海を支配する力を有しているとの印象を与えたのである。

この状況は一九四五年以後の世界とは大きく違っていたわけで、確かに第二次世界大戦後の時代は数十年にわたって、この「覇権安定論」に相応するものだった。アメリカの経済力は事実上並ぶものがなかったし、一九四五年の時点では、アメリカは世界の製品の半分という驚くべき量を生産していた。実は統計はアメリカの突出ぶりを低く見積もっていて、ドイツが敗れたことで、アメリカは工作機械の生産では一人勝ちの状態にあり、そのことは言い換えれば、ほかの国々が工業化の道を歩むには、アメリカの生産する複雑な工作機械が必要だったのである。したがって、アメリカの政策立案者の目には、こうした経済力が安全保障政策の明らかな武器として使えることが容易に見て取れたわけで、その結果、西ヨーロッパと日本を経済的なつながりでアメリカと結ぶ構想が出たのである。またこれも比較的容易なことだったが、このように経済的な道具を使うことがアメリカ人およびアメリカ経済の利益になる点を、政権に対して強調したわけだ。つまり、全体として繁栄がもたらされなければ、アメリカ製品の市場はなくなり、戦間期の経済破綻がくり返される危険性があるというのである。こうした新たなアメリカの手法をもっとも鮮やかに体現したのが、マーシャル・プランによるヨーロッパ経済復興計画で、これは国務長官のジョージ・マーシャルが一九四七年二月から六月の間に、アメリカの有名な大学でおこなった講演で述べたものだった。

「覇権安定論」の主唱者の一人であるキンドルバーガーは、マーシャル・プランの実行に関わっていた。したがって、この理論がマーシャル・プランを概括化したものと見えるのは驚くには当たらない。またこの世代の計画立案者やエコノミストは、ルール対自由裁量の議論に対して、最近のアナリストとはやや違うアプローチを取っていた。彼らの考えでは、戦間期の破滅的で悲惨な状況は、誤った金融政策を過剰なまでに続けたことによるのであり、「代案はない」(There Is NO Alternative) という狭い考え方 (これは一九八〇年代初頭にマーガレット・サッチャーが主張したときには、「TINA」と省略された) に固執した結果だというのである。一九九〇年代になっても、キンドルバーガーは依然として自説を守り、危機の解決は優れた頭脳が持つ革新的な策を考案する能力によるもので、いつまでもルールに従うのは賢明ではなく、逆効果だと主張していた。「強く一貫したリーダーシップ、つまり専門家のほとんどが合意して、それに従う人々が理解して柔軟な態度を示せば、人間はルールで縛るよりも、よりよい成果を挙げることが期待できる」。これがマーシャル・プランのシナリオだったが、キンドルバーガーも示唆しているように、政治権力を使うことが前提となってそうしたルールを乗り越えられるわけで、それをキンドルバーガーはおそらく遠回しに「強く一貫したリーダーシップ[39]」と呼んでいるのである。

世界の諸問題を解決するには、善意に満ちた覇権国に率いられる新たなマーシャル・プランが必要だとの考え方は、危機や変革の時期にはくり返し魅力的なものと捉えられてきた。中央ヨーロッパでソ連の帝国が瓦解し、続いてソ連そのものも瓦解したあと、洪水のように論説や政治演説、学術書が出されて、マーシャル・プランの復活を求めてきた。そして同じことは中東についても指摘されてきた。つまり、戦争と災禍のあとの復興には、何らかの外的な刺激や活性化が必要だというのだ。

だが、新たな状況のもとでジョージ・マーシャルの亡霊を甦らせるこうした計画は、実現しなかった。振り返ってみれば、一九四五年以後の戦後体制が珍しいことが、さらに一層明らかになっているのである。一九四七年から四八年にかけて明白となった推定では、そのあとの時代にはさらに複雑で高価な取引が必要となる点だった。市場を安定させて支配し、それによって費用のかからないやり方で効果的に力を築き上げるには、覇権国の海外投資では無理だとわかってくる。むしろ、巨額の投資は明らかに新しい力、ライヴァルを育てることになるだろうし、事実、ドイツと日本の経済は、アメリカにとって強力な恐るべき競争相手として立ち現れることになった。敗戦国であり、ほとんど軍備を失ったドイツと日本が、大きな利点を持っていたことを指摘するのは簡単だった。なぜならば、両国はアメリカの戦略によって恩恵を得ていたから、軍備に公的資金を配分する必要が少なかったからだ。その結果、数多くの文献が覇権国の疲労や「疲弊」に焦点を当て始める。ギルピンの結論によれば、「内的、外的理由によって、覇権国はシステムを運営する意思と能力を失うのである」[40]。こうして論者の中には、覇権安定論を使って、覇権国の必然的な衰退を予想するものも出てきた。

にもかかわらず、この覇権安定論がこれほど長く唱えられたのはなぜなのか？　戦後の予想とマーシャル・プランが長続きしたのは、冷戦とそれによる国際関係の二極化が続いたことによる。そして経済面の選択肢は軍事力の脅威によって動かないものとなった。アメリカの力や軍事力ではなく、ソ連の力の脅威がアメリカに、あれだけヨーロッパやアジアの政治に力を注ぐことを余儀なくさせたのである（これとともにソ連も、アメリカと帝国主義網の脅威を道具として、中央ヨーロッパに自らの勢力圏をつくることを正当化しようとした。一九四六年二月九日、ボリショイ劇場においてスターリンは、独占的資本主義がその勢力網を広げていくと訴えたが、これがソ連の姿勢が硬化する最初の現れだった）。

求められる安定とルール

西ヨーロッパ再建に当たって、アメリカの役割が成功を収めたのは、単に核兵器や大量の陸上兵器のためではなく、道徳的な根拠もあったからである。冷戦は価値観を考える引き金となった。経済的な選択は、一連の価値体系をめぐる、より広い理論の中に組み込まれ、一つの「西欧」には軍事的、経済的防衛網だけでなく、知的な防衛網が必要だった。新しいヨーロッパ観をつくりあげたのは、ドイツではメルヴィン・ラスキーの『デル・モナート』、イタリアではイグナツィオ・シローネの『テンポ・プレゼント』、ロンドンでは『エンカウンター』で、これらは文化自由会議の援助を受けていたが、間接的にそれに関わっていたのはアメリカのCIAである。新しいヨーロッパ主義は外交面では強硬姿勢を取りつつ、国内問題では社会民主主義に基づく改革路線を取っていた。そして西欧の共同体構想を提唱、支持した人々から見ると、マーシャル・プランの成功をもたらしたものは覇権や金銭というよりは、むしろ価値構造にあると思えたのである。けれども、力や財政面での裏付けがなければ、アイデアも弱く見えるはずで、というのも戦間期に民主主義と自由主義は現代世界の基本的な経済問題、社会問題を解決する力がないとして、批判を受けたことがあったからだ。

冷戦時代の最後の時期になると、国際関係はこれまでよりも安定し、国内政治にも突き放した見方が強まったため、価値体系を共有するという考え方は、陳腐で魅力を失ったものとなっていく。一つの「西欧」という考え方も、一九八九年までには消えていた。たとえば『エンカウンター』は一九九〇年九月には廃刊となるが、これは冷戦時代が終わって数ヶ月のことである。そして数年間は「グローバル化」パラダイムが強力な支配をするように見えて、世界は力や価値観ではなく、むしろルールによって結びついていた。だが、「グローバル化」を唱える人々は、そうした新しい世界秩序に必要なルールを考える際、一つの大きな問題を常に抱えていた。

一般的に、ルールをもとにした手法は、さまざまな国、見解、利害といった広い範囲をまとめあげてつくる上で、それに参加することを求めるものである。こうした参加がなければ、ルールは正当性を失っていくからだ（このルールが聖なる自然秩序から生まれているとの理解があれば別だが、おそらく残念ながら、こうした考え方は現代のほとんどの思想家には魅力的なものとは映るまい）。一般的な相対主義がルールづくりの道を支配すれば、われわれはそうしたプロセスが正当性をつくりあげる方法だと、ますます強く主張するのである。ところがこうしたプロセスは実は実行過程で深い分裂を生み出すもので、近年もっとも激しい衝突はルールづくりのプロセスをめぐってのものだったことは、国連、世界貿易機構（WTO）、国際通貨基金（IMF）、欧州共同体（EU）などを見ればわかる通りである。組織や機能をどうするかに膨大な努力がなされているのであって、たとえば国連安保理の改革や、先進七カ国蔵相・中央銀行総裁会議（G8）にロシアを含め、さらに中国も加えること、あるいは国際財政機関の制度改革（いわゆる「国際税制構造」をめぐる議論）などがおこなわれている。また国際的、超国家的機関の投票権をめぐる議論も熱く戦わされていて、IMFおよび世界銀行の加重投票制度（構成国の国力などによって、票数に差をつける）、国連安保理における常任理事国とその他との違い、あるいは（ヨーロッパでは）二〇〇一年のニース条約や二〇〇四年の政府間会合で提案された改革案などで、大国と中小国との間にやはり加重投票制度が設けられたことが挙げられる。

一方的に機構改革を求める動きには多くの議論があるが、そこには一種の「期待の罠」がある。(41)

国際的なルールの取り決めは決定的なものと見えるから、国際的な交渉が生み出すものにわれわれは大きな期待を寄せるのである。つまり、IMFは財政危機やその影響を防ぐ要《かなめ》と見られるし、国連は世界平和を保障すると考えられる。しかし結果として生まれる妥協策は失望を招き、その正当性について広範な疑念が生ずるわけだ。

その結果、ルールに対する期待が裏切られれば、力とは結局紛《まぎ》れもなくパワー・ポリティックスだと考えて、これに反発することになる。そうしたリアルポリティック、つまり現実主義政策はルールを越《ウエーブ》えたものとなり、あるいはむしろかつてイギリスで使われた語呂合わせを使えば、「ブリタニアは波を支配するために、ルールを撤回《ウエーヴ》する」ことになる。

「帝国主義」と「グローバル化」モデルとは、大国が自分に従う国々に及ぼす力を総体的に解釈するもので、そのためにほかの視点は消えるだけのこととなる。それらに代わるものは無邪気なもの、あるいはイデオロギーに基づくものとして拒否されるので、これはロバート・ケーガンがアメリカ人を火星、ヨーロッパ人を金星と捉えた見方に見られるものだ(42)。法としては、マウリッツ・エッシャーが有名にした視覚の幻想に似ていて、正方形がページから立ち現れたり、引っ込むように見えたりするが、見るものは両方の現象を同時に見ることはできないのである。一つの視点、あるいはもう一つの視点があるだけなのだ。

ときとしてこうした二つのモデルは、一つの組織――つまり、現代の国家という複雑な構造である――の中で並立するように見えることがある。国防省には「現実主義者」が集まる可能性が高く、彼らは力をゼロサム・ゲームとみなし、力が増えたところがあれば、ほかのところではそれに呼応して力が減るという。財政や外交部門にはグローバリストが数多くいて、そのために外務省は外国人の意見を代表しているなどと、言い古された批判に遭うこともある。このようにかなり異なる政治世界に住む人間は、驚いたことに互いに議論を交わすことがほとんどない。組織としての影響力を保つために相手ととことん闘うだけで、その闘争はまさにゼロサム・ゲームとなる。すなわち勝つか負けるかのゲームなのだ。

ところで全体のパラダイムが「グローバル化」から「帝国」へ移っていくと、外交政策をどうすべきかについて深刻な問題が生まれることになる。古典的な現実主義の中核にあるのは、ある政策が帝国主義的か否かを決定するのは容易だとの考え方だ。ハンス・モーゲンソウの古典的な著作『国際政治――権力と平和』の中には、「帝国主義政策をどう見出し、どう反論するか」と題した短い項目があるが、そこで彼は次のように述べている。「この疑問に対する答えが国家の命運を決めてきたし、間違った答えは致命的な危機や現実の崩壊を意味することがよくあった。正しい答えとは、そこから生まれる外交政策の成功に負うのである」(43)。この考え方は確かに正しいこともあって、モーゲンソウがこの著作を著した時期は、まだナチスの侵略の経験が記憶に新しかったし、ソ連の影響と力という現実に直面してもいた。だが、どちらの政策が帝国主義的かの答えは、常にそれほど簡単に決められるものだろうか？　少なくとも過去五世紀以上にわたり、ルクセンブルクが侵略国家だったという人間はほとんどいないだろうが、どの国家であれ、自国の利益を追求し、自らの力を拡大しようとするものだし、ルールを曲げて、隣国に代償を負わせた経験のない国家など少ないのではないか。だとすれば、「帝国主義」とはお手軽なスローガンとなるだけの話なのである。

説明の枠組みとしての現実主義の逆説は、他国の侵略や帝国主義がどのようなものなのかが必然的に曖昧になることで、だとすればいかなる力もほかの力で制御されない限り、本質的には攻撃的あるいは帝国主義的になるわけだ。侵略という問題に明確な答えを与えられるのは外的規範なのだが、現実主義者は、そのような規範があるのか、あるいは本当にそんな規範が必要なのかを考えようともしない。これに対立する考え方にもやはり逆説があって、それは「グローバル化」の思考様式を取る人間が、ルールは定めなければならないとわかっていても、誰もが受け入れるようなルールをつくるのは、現実には無理だと考えているからだ。

衰退するグローバル化の概念

二〇〇一年以降、こうした「グローバル化」のパラダイムは決定的に後退してきている。世界の主要な新聞で「グローバル化」という言葉がどれだけ使われたか、これを調査したデータ会社レクシスネクシスの統計によれば、二〇〇一年以後は明らかに減っているのだ。これに対して、「帝国」や「帝国主義」を使う頻度が増えている。実際、現在では「帝国」は、数年前には考えられなかったほど日常的に使われていると言ってもいい。たとえば、二〇〇四年の終わり頃だが、

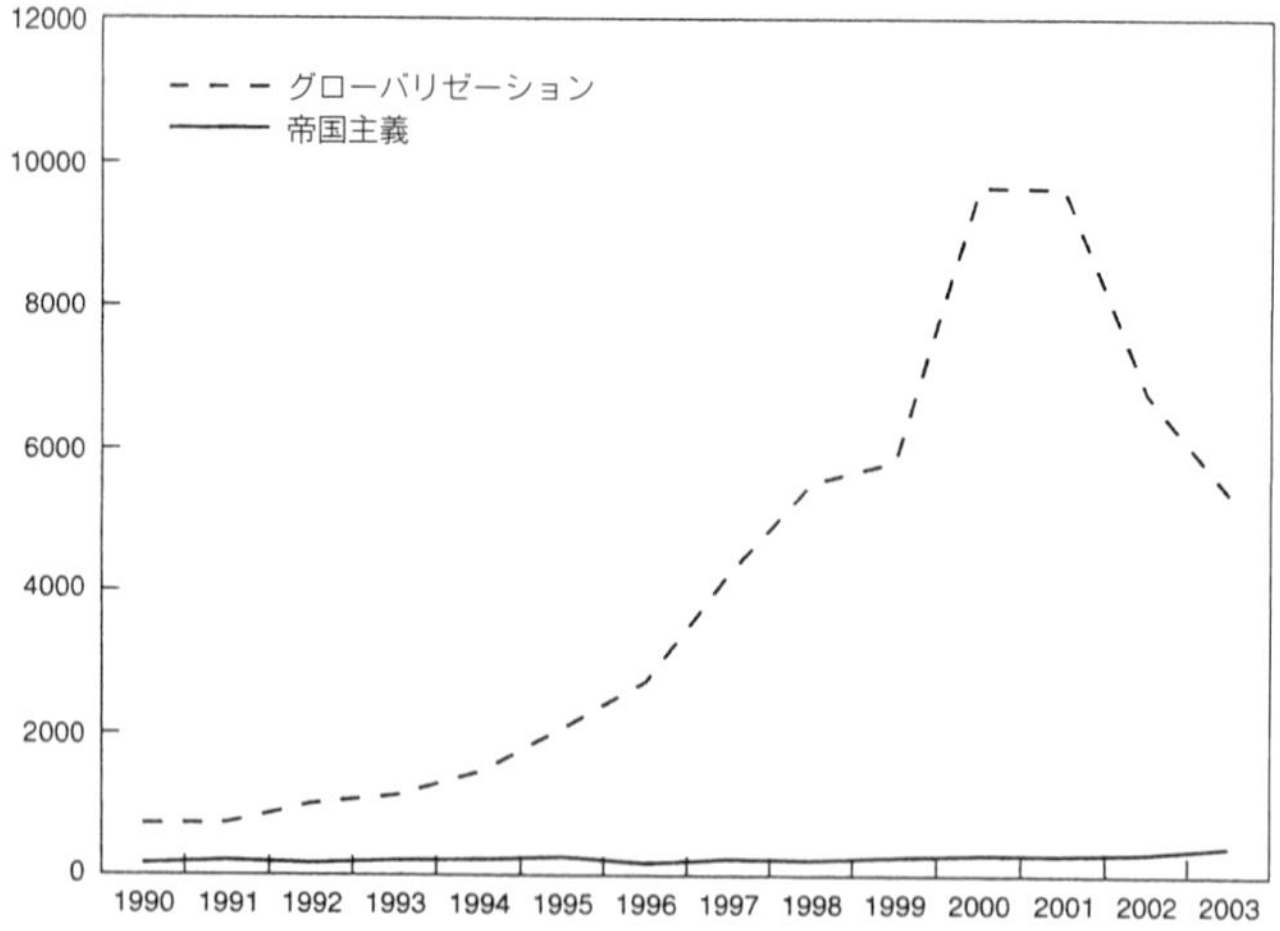

図１　1990–2003年に見られる「グローバリゼーション」と「帝国主義」の頻度

『フィナンシャル・タイムズ』が、問題となったウクライナの大統領選挙をめぐる国際的な議論を、次のように解説している。「二つの巨大な帝国であるＥＵとロシアは互いを警戒の目で見ているが、それでも相互に依存していることは十分過ぎるほど理解している[44]」。巨大で複雑な国家であればどこでも帝国になるらしく、相互依存やグローバル化という言葉は脇に追いやられてきたのだ。

　ではモーゲンソウの疑問に答える際に、客観的に見てそうした答えを導く指標となるもの、つまり、われわれはルールを基盤とした世界に生きているのか、それとも専制的な世界に生きているのかを決める上で、助けとなるものがあるのだろうか？　それともそうした選択自体が恣意的なものなのか？

　もっとも明瞭な指標は、そうしたルールが特定の法律や「特権」ではなく、どの程度一般的かつ普遍的な公正さを持っているかを見ることだろう。したがって、すべて公平に適用される税は正当なものとなるが、特定の人間だけに適用される税は公正とは言えない。つまり非民主的な体制の中からよく知られた例を三つ挙げれば、貴族以外の階級（一七八九年以前のフランスでは、貴族は税金を大幅に免除されていた）、非イスラム教徒（オスマン帝国）ユダヤ人（ナチス政権下のドイツ）などである。ただしこうしたものでも、全面的に公正とは言えない点はある。税の例を続ければ、累進課税はすべてに適用されれば公正と言えるだろうか？　なぜならこの税はそもそも特定の人間（金持ち）に重い負担を強いるからだ。あるいは消費税は公平に適用されるから、これも公正だと言えるだろうか？　なぜなら収入に占める割合の高い人間（貧しい人間）には、この税は重くのしかかるからだ。

こうした普遍性、公平性を測るやり方は、古典的自由主義が採用するものである。二十世紀において、その明確でもっともはっきりした例を見るとすれば、フリードリヒ・ハイエクの仕事、とりわけ『自由の条件』だろう。この中では、政府の高圧的力は特定の目的ではなく、全般的で不変の目的に仕えなければならないとされる。(45) ルールに支配された人間や物が、純粋にハイエク的な全体の合意に従うようになればなるほど、差別や専制の可能性は遠いものとなるという。しかしながら、こうした解決策にも一つの問題があって、国家は国民に市民権を与えることで特権を与えているとすれば、それによって全般的な公平性なるものは覆る恐れがあるからだ。

ハイエクはこの点を実にきちんと見据えていて、『隷従への道』の中でこう結論づけている。

国境によって生活水準に大きな違いが出ること、つまり一つの国家の枠に組み入れられた集団が、ほかの集団とはまったく異なる一つのケーキを口に入れる資格があるのは、必要なことでも、好ましいことでもない。さまざまな国家の資源が、全体として特定の集団の所有物として扱われ、国際的な経済関係が人間同士の関係ではなく、貿易をおこなう集団としての国家間の関係にますますなっていくとすれば、それは必然的に国家間の軋轢や嫉妬を生み出すもととなる。[46]

内在する危機

結局、収入と富を再配分する国民国家の存在（そして必然的に、この再配分のうちどれだけを引き受けるかに関しては、この国民国家は異なる選択をおこなうことになる）は、ハイエク流の考え方とは相容れないものなのだ。それぞれの国家がそうした異なる選択をおこなう限り、特権が与えられることになって、そこから除外された人間は、この排除をおこなう国家そのものに対して怒りの目を向けることになる。だとすれば、世界国家のようなものが生まれて、移動の制限もなくなるか、あるいは再配分のない国民国家の二つが正当性を持つことになるだろうが、今日の世界情勢を見た場合、どちらの選択肢も可能性はきわめて少ないどころか、構想を描くことすら難しいのではないか。

正当性の問題を考えるための第二の方法は、伝統的な保守主義が取る立場である。すなわち、ルールが正当なのはそれが本来強制されたものではなく、あるいは不合理だからでもなく、時間の経過とともに、それに対する信頼が深まるからだと考えるものだ。この解釈によれば、法体系は時間をかけてさまざまな世代を結び合わせていく。これが社会に善をもたらし、ルール体系の主な機能となるのだから、そもそも本来正当であったかを深く追求する必要はないという。だからわれわれは現存するこの体系を、ただ当然のものとして受け止めればよく、ルールの起源や、富と配分の起源を深く詮索する必要はないのである。

こうした保守的なアプローチの重大な欠陥は、歴史上に見られる大きな不正（奴隷制、あるいは初期資本主義の過酷さ）、あるいはその遺産が現在にも見られることを無視している点にあるのではなく、むしろ劇的な変化は新たなルールを必要として、その結果、ルールづくりの方法を変更しなければならない状況に対応するのが無理だと考えていることである。特に、この方法では、新しいテクノロジーの可能性や要求に対応できないことになる。

したがって、ルールの正当性を評価するための主な方法——リベラルなものでも、保守的なものでも——には内在的に問題があり、国家が社会保障の手段をつくりあげて自国民を守ろうとすればするほど、その問題が大きくなるのである。しかも、技術面や軍事面での変化がさらに新たな問題を生み出してくると、その問題がルールをつくることを求めるようになる。このような二つの状況は、実際にグローバル化がつくり出している世界のほぼ全貌であって、そのためにグローバル化の流れは、常に自壊の方向へ進むことになる。

第3章

曖昧にして不規則な体系におけるルールの問題

グローバル化に果たす国家の役割

前章で示した大まかな解釈モデルあるいは精神的見取図の衝突は、今日大きな問題となっている国際的な経済問題への反応にも現れている。グローバル化については対立する見方があるように、そもそもこのグローバル化とはかなり古くからある現象なのだ。ところが、過去半世紀以上に及ぶグローバル化の過程——言い換えれば、ごく最近の（そしてきわめて急速な）市場統合の波——で、グローバルな支配、統治はいささか新しい方向を取ってきた。これは主として、国家に何ができるか、そして何をすべきかに関して、期待や要求が変化していることによる。

法やルールがますます複雑となり、絶えずそれらが変化したり、変更されることで生まれる問題は、もちろん現代に限られた現象ではない。この点は、ユスティアヌス法典に関するギボンの言葉が明白に語っている。

一三〇〇年の間、法律は政府や風習の変化に不承不承ながらも従ってきた。古くからある名前と最近の制度とを調和させようとする賞賛すべき考え方が、曖昧にして不規則な体系の調和を破壊し、重大な問題を引き起こした……しかしユスティアヌス政府は自由と隷属の悪徳を結びつけたので、ローマ人は多くの法律と支配者の専制的な意志によって圧迫を受けたのである。(47)

複雑になると、それを圧迫と感じることが多いのである。

実際に関わっている人間には、国家を越えた市場統合は無秩序が進んでいると見えるものだが、このため、その動きに押し流される人々の多くは混乱してしまう。特にグローバル化は、典型的な二十世紀の現代性を特徴づける政治思想、つまり政治が社会の結果を左右するという考え方を打ち壊すのである。グローバル化とは、強力な政府がこの戦略をとると決めて生まれたものではない。逆に、政府は自分たちの役割を反動的と考えるのが普通で、国民に開かれた機会を常に変化させるような変転きわまりないダイナミックな世界に遅れまいと、もがくのである。「何かをする」必要があるとの要請に応えたいと考えるのだ。中には本能的に、この荒々しいグローバル化の波を、抑えて規制すべきだと思う人間も多い。特にフランスの政治家は、（女性的な）グローバル化をどのようにして「牛耳る」[48]かに関して、一つの理論を持っている。しかし具体的にどうすればそれが可能になるのか？　それも誰の手でおこなうのか？

事実、いかなる経済秩序もルールの体系に基づいていて、経済の相互関係をつくる無数にある個々の契約の枠組みは、その体系によって決まるのである。これは国内問題だけでなく、国際レヴェルでも事実である。グローバル化は実際、ルールを必要とする。そしてグローバル化を批判する人々は、ルールを力関係の表現だと考える。彼らにとっての問題は、そうしたルールが明文化される方法にあるのだ。

今日、ルールは混乱したやり方で複雑なものとなっている。現代のルールは十戒のように、石板の上に書かれているわけではないのだ。何らかの国内状況のもとで議論が交わされて、その結果つくられたものなのである。ルールをつくり、訂正し、そして拡大していくことで、圧力団体や利益団体が形成される結果となり、こうした団体は、ルールを基盤とした秩序を自分たちの利益となるように常に押し進めようとするのだ。そしてルールづくりが国際的なレヴェルにまで広げられると、新たな衝突がくり返されることになり、そこでは国内の利益団体が、自分たちの議論をあたかも国の利益を代表するかのように装おうとするのである。

多くのアナリストが指摘するように、国際的なルールは国内法よりも柔軟性があるもので、各国政府と国際的な統治、管理との間には、一つの有効な線を引くことができる。こうした解釈に立てば、各国政府は多くの場合、世界を安定化し、それによって政策立案の前提がより理解しやすくなるものを国際機構がつくりあげることを歓迎する。(49) ところが実際には、経済的ルールの枠組みをつくるとなると、国家間の合意は、国内の法律や、各国の意思決定とそれを強制する力に強い規制をもたらす傾向が高まる。

現代の世界経済に関してもっとも激しい議論となっているのは、世界の貿易システムと企業統治の秩序、世界の金融秩序である。そしてこうしたものはすべて、最近では国際レヴェルで激しい議論が交わされ、政治問題化してきているのだ。

I

リベラリズムへの回帰か「帝国」主義か

第一に、商業システムに関しては、二つのかなり相対立する観点から見るのが現状である。世界を「グローバル化」の観点から見ると、貿易戦争は破壊的で危険であり、繁栄の可能性を減少させて軋轢や衝突に至り、これが軍事的衝突にまで発展する可能性がある。そうした中で悪夢のようなシナリオは「ホーリー・スムート法」で、これは一九三〇年に実効に移されると、大恐慌を誘発する上で大きな原因となったものである。ただし大恐慌はこの法案成立直後にもたらされたのではなく、ほかの国々の報復措置が高まった結果生じたものだった。そして第二次世界大戦後の秩序は、この一九三〇年代の失敗を教訓として、これとは逆の道筋を取りながらつくられていった。すなわち、戦後のリベラルな秩序を生み出す上で大きな力となったのは、一九三〇年代のアメリカ国務長官だったコーデル・ハルの簡潔な認識を基本としたもので、ハルはリチャード・コブデンやジョン・ブライトなど、十九世紀イギリスの古典的リベラリズムへ回帰したのである。彼は自ら提案した互恵的な通商および関税協定を説明して、議会で次のように述べている。「この法案が提起するように、公平かつ相互の利益を基盤としておこなわれる国家間の通商は、世界の繁栄を取り戻す上で実質的な力となるだけでなく、人類の経験を進歩させ、そこに平和をもたらす上でもっとも大きなものと考えられる」[50]。一九四一年の大西洋憲章第四条では、戦争中の英米協力関係は「大国たると小国たるとを問わず、また、戦勝国たると戦敗国たるとを問わず、すべての国に対して、その経済的繁栄に必要な世界の通商及び原料の均等な開放がなされるよう努力する」とある。財務長官であったヘンリー・モーゲンソウは、一九四四年のブレトン・ウッズ会議を始めるにあたり、こう述べている。

繁栄は平和と同じく、不可分のものである。幸運な人々の間に繁栄をばらまいたり、あるいはほかの人間を犠牲にして繁栄を享受するだけの余裕などないのだ。貧困があれば、それはわれわれすべてにとって脅威であり、一人一人の幸福を奪うものである。戦争と同じく貧困は局地化することはできず、むしろそれは拡大して、この地球上にあるより恵まれた地域の経済力を奪うことになる。[51]

グローバル化を押し進める人たちは、国同士の対立が減れば、当然ながら安堵感を覚えるので、この点は最近のアメリカの鉄鋼関税をめぐる議論を見ればわかるとおりだ。彼らはGATTやWTOのような国際的な経済機構の原則とは、国内の政治的圧力に対して自滅的な反応が高まることを防ぐために、ルールや取り決めを強化することにあると考えている。したがって鉄鋼関税に対してWTOがこれを規制する措置を執る可能性が高まった結果、アメリカは政策を見直し、一方的な関税押しつけを撤廃することになった。ルールがシステムを円滑に動かすわけだ。

これに対して、「帝国主義」モデルでは、貿易関係が不平等な通商システムを生み出し、そのために政治力によって、貿易に関わる法律や商業パターンがつくられると考える。攻撃的な貿易姿勢は政治の道具として現実に利用されるか、あるいは利用できるし、力にものを言わせ、強圧的な経済活動が拡大するための新たな展開を生み出す可能性がある。したがって現在の貿易秩序はアメリカの力を反映するもので、その考え方を世界に押しつけ、他国はその脅威によって（たとえば一九八八年の「包括通商・競争力強化法」の「スーパー三〇一条」の行使）、あるいは約束によって（つまり、アメリカ市場への開放を進める）、アメリカの姿勢を受け入れることを余儀なくされるか、受け入れるように説得されるかのどちらかとなる。つまり、ルールとは本質的に不公平なもので、その傾向は強まっていくというのだ。

無秩序な世界の交易への脅威

それではこの二つの考え方のどちらが、人間の精神にしっくり来るだろうか？　両者の考え方を判断する一つの方法としては、それらをきわめて単純な言葉で置き換えてみることで、すなわち、一方は感情（恐怖感や不安感）、他方は理性的かつ制御できない事柄も受け入れる姿勢、この二つの対立として見るのである。秩序のない世界で商業取引がおこなわれると、われわれは欺されるのではないかとの恐怖心を覚える。他人がこちらの無知や弱みにつけ込んで、利益を得るのではないかと考えるわけだ。その結果、信頼が置けるとわかっている相手とだけ、安心して取引ができるのである。そしてそうした相手とは、遠くにいるものよりも、近くにいるものの可能性が高くなる。昔から、すなわち少なくともアリストテレス以来、近いところで生産されたもののほうがいいと考えられている。こうした考え方は定期的に現れてくるもので、たとえば十九世紀のイギリス人は、ドイツの海岸の絵はがきやドイツ製のピアノは買うものではないと教えられていたし、一九七〇年代のアメリカ人は日本製の車は買うなと教えられ、新たなミレニアムに入ったアメリカ人は、クリスマスのお祝いには中国製のおもちゃや飾りは使うなと教えられている。

一方、これに対して、われわれは国内だけでは自給できないから、変化が必要なこともわかっている。十九世紀後半のイギリスのように、あるいは現代のアメリカのように、消費行動が深く定着していると、外国製品への脅威を訴えても、その声はほとんど馬耳東風と受け流されることになる。つまり結局、自分たちで鉛筆もつくれなければ、食物の自給や、衣服を自分でつくれないのはわかっているのだ。専門化が進んで特定の物しか生み出せなくなれば、それだけわれわれは貿易に頼ることになり、その結果、裕福になっていく。そして物がたくさんあり、つまり一種の資本があれば、交換が活発におこなわれて、そこから得られるものが増えていく。ちなみにこうした交換は人間だけがおこなうわけではない。たとえば南極の雄ペンギンは小石をたくさん蓄えておき、巣づくりをして欲しいと望む雌のペンギンとの交換条件に、それを使って交尾をするのである。しかしこうした交換からは必ず問題が起きるのであって、そうした契約がどのようにしたら結べるのか、あるいは相手がこれから先、契約をきちんと守ると信用できるのかなどの問題が出てくる。したがって、欺されるのではとの不安感、あるいは交換につきまとう不安感は、現実の前に立ちはだかることになる。

こうしたジレンマは、三つの問題に答えを出すことで解決できるのではあるまいか。第一に、市場が不透明になって価格が一定ではなく、また簡単に比較ができない場合や、取引がくり返されず、むしろ一度だけになる場合、恐怖感は大きくなる可能性が高い。したがって情報が即座に入れば、それだけ市場への反発は減る可能性が高くなる。ところが現在の複雑な経済では、品物が多様になり、生産過程が拡大して分業が増えれば、価格の比較がさらに難しくなる。距離を克服するとは、近くの相手と取引をするだけではなくなることを意味するから、過去のように取引が何度もくり返されることには必ずしもならない。急速に変化する世界では、新しい商業パターンが生まれて、従来のような形、つまり、両者が時間をかけて信頼を深めるような取引は必然的に崩れていく。第二に、不信感とはそもそも恐怖心から生まれるものである。これは、大恐慌時代にフランクリン・ローズベルトが払拭《ふっしょく》しようとした感情で、彼はそのとき、われわれが恐れるべきなのは、その恐怖そのものだと述べた。ところが恐怖心は、グローバル化が制御できないと考えれば、それとともに増していくものだ。第三に、自分とは比較できないほどの市場力、あるいは自分よりも大きな財力や資力を持っているものによって、自分が不利な立場に置かれているという恐怖心がある。グローバル化に伴う不公平が増していくと、それがあたかも市場の正当性を突き崩すかのように見えるわけだ。

このような問題については、かつては政治がその答えを与えていた。すなわちこれは、ルールおよびその適用が重要となる問題であって、したがって国家の取る行動の論理によって改善が図られる。各国政府あるいは国際的な組織が情報へのアクセスを容易なものとし、情報の独占に基づく取引（たとえば「インサイダー取引」）を制限することで信頼性を高め、より大きく、ルールに則った市場をつくり出し、財政措置を講ずることで富の再配分をおこない、市場の力の不均衡を是正できるのである。

一方に、商業に対する生来の疑念と、遠い地域にいる知らない相手と取引をすることへの不信感があり、もう一方には、エコノミストの決まり文句である「貿易からの収益」なるものを得たいとの願望があって、両者がぶつかり合うのは昔からのことだが、貿易をより無害なものとするために発展してきたルールは、近年大きく変化することになった。

近代初期のヨーロッパや、あるいは十九世紀においても、貿易にはルールがあったし、国家の側には貿易方針があった（これは数多くあった）が、国家間において現代のような貿易をめぐる紛争はなかったし、それぞれの国家がどのように商業の原則を定めるかについても紛争はなかった。貿易の方針とは主に生産者を保護することを意味していて、彼らが生み出すものが、何らかの方法で（軍事的な手段を使うことが多かった）共同体の繁栄に必要だとみなすことができた。農業生産者、鉄や金属製の道具をつくる人々、軍靴や軍人のベルトの革をつくる人間など、すべてがこうした合意に達していたのである。安全とは、特権的な保護を求める動きの隠れ蓑としてもっとも優れたものだった。だが、見たこともないほど洗練され、軍事的なものとはまったく無縁の贅沢品、たとえばガラス製品や絹製品、絨毯などをつくる人々さえ似たような状況になって、国家が自分たちを保護する光景を目にしたのである。

法の整備と貿易自由化

問題となる個々の貿易に関して紛争が起きれば、それも、国内での取引をめぐる紛争とまったく同じように処理できたのである。実際、国を超えた法的問題など数多くあって、たとえばドイツの商人が、アルゼンチンの輸入業者が約束した支払いをしてくれないケースもあった。こうした取引は十九世紀においては、通常はロンドンのシティにある銀行の振出手形で資金調達がおこなわれていたから、イギリスの裁判所が紛争の仲裁をしていた。つまり、こうしたことは裁判所の問題であって、議会が関わったり、政治的に法律が決められることではなかった。貿易は契約がきちんと履行されるメカニズムに基づいておこなわれていたのだが、商取引が拡大すれば、法律の整備が必要になってくる。(52)

そのような法律が整備されると、各国は条約の締結を通じて規制や保護を撤廃しようとするのは当然のことだろう。十九世紀半ばには、イギリスが一八四六年に穀物法を廃止したことで、これに続いて貿易自由化の動きが各地で広まっていく。その結果、政治は二つの方向に分かれ、一つは経済の特定部門の利益に沿った方向へ向かうものと、もう一つは多くの製造業者を含めて、輸入品の消費者が、国内製品業者の反対に対抗して自由化を要求するものである。大陸ヨーロッパの国々がイギリス、あるいはそれぞれの国同士で貿易協定を結んだが、それには普通、最恵国条項が含まれていて、ほかの貿易取り決めで相互になされた譲歩にまで及んでいた。そしてこの協定は、概して製造業者から大規模にして組織的な反発を招いたのだが、それは、有能なイギリス製造業との競争が高まることで、損失に直面したからである。自由貿易への反対を表明するヨーロッパの文書としてもっとも有名なのは、ドイツ人のフリードリヒ・リストが書いた『政治経済学の国民的体系』で、リストはこの中で、「幼少期にある産業」は破滅的な競争に抗して発展をしている間は保護する必要があって、そうでなければ将来の繁栄の基礎が失われてしまうと指摘している。リストはイギリスの考え方――「マンチェスター主義」――の優位を、イギリスが使っている手であると述べ、それは梯子を外して、ほかの国々が自国の産業を発展させることで富を蓄えようとするのを防ぐためだと主張した。「アダム・スミスの時代に、新しい公理が初めて加わった……すなわち、イングランドの真の政策を、アダム・スミスが発見した国際的な表現、議論の下に隠して、諸外国が自分の政策を真似しないようにするためなのである」(53)。そしてこのリストの主張と対応して、大西洋の向こうで同じ見解を述べたのが、アレグザンダー・ハミルトンが一七九一年に発表した『製造業に関する報告書』だった。

開かれた貿易システムから保護関税へ

貿易方針の変化の影響を大きく受けて、利益集団からの圧力は強まっていくが、その理由は国が政治姿勢を変えられないのには、明確な法的裏付けがないからだった。そこで政治に新たな領域が生まれてくると、それが新たな政策を生み出すことになり、その結果、政党は自らを実に簡単な言葉で、「製造業派」とか「土地派」と呼ぶことになる。各国が国際的な視野に立った配慮をもとに強制力を持って自由貿易協定を結ぶことも、あるいは各国が最恵国条項を受け入れたときに有していた関税率の維持もできなくなる。実際、一八七〇年代以降、大陸ヨーロッパの国々は製造業者の利益代表から大きな圧力を受けて、開かれた貿易システムから後退し、保護関税を押しつけていくのである。アメリカは十九世紀においてはもっとも早く工業化を進める経済力を持っていたのだが、開かれた貿易システムの方向に加わることもなく、そのダイナミズムはリストが述べた原則に驚くほど似ているように見えたのである。そして十九世紀末になると、多くの国が非関税障壁をつけ加えてゆく。特に農業のように、経済の中で政治に敏感な部門が、衛生面や家畜の輸入規制によって効果的に守られたのである。こうした方策については、国内政治の分野で激しい議論を巻き起こす可能性もあったし、事実そのような議論がおこなわれていた。また国際政治の軋轢を引き起こす可能性もあって、ロシアとドイツの関係が初めて悪化したのは、一八八〇年代にドイツの穀物関税がロシアのもっとも有力な輸出を、巨大な産業市場から排除するように思えたからなのである。しかしロシアはドイツに対して法的な対抗措置を執らず、ロシア貴族はビスマルクやドイツの消費者に、ロシアの穀物を輸入しないように嘆願することもできなかった。

「不公平な競争相手」

二十世紀初頭になると、貿易も活発になり、移民労働者の流れによって相対的な収入も上昇して、賃金を減らされていた労働者が新たな協定を前面に押し立てるようになる。すなわち、ある種の輸入品は「不公平」であるという主張で、そうした輸入品はほかの国々の政策から生まれたものであり、その政策とは国内消費者を犠牲にして輸出業者への優遇を図るものだというのだ。その結果、ドイツは国外において、国内よりも安い価格で鉄鋼や船を売ることができたし、ドイツの輸出業者は、世界中にあるドイツ領事館の力を借りて、強力な販売ネットワークを利用していたのである。(54) さらにインドや日本のように、低コストの製造業者も「不公平な競争相手」として非難された。こうした不安感と、安全保障への懸念、ドイツの力への恐怖感が結びつくと、貿易をめぐる議論は新たな局面を迎える。たとえば一九一六年には、アメリカ議会が反ダンピング法を通過させている。中でも目立ったのは、国際的な協力に基づく行動の必要性だった。すなわち一九一九年、パリ講和会議の開催中、アメリカの労働組合が新しい機構の設立を強く主張して国際労働機関（ＩＬＯ）が誕生した結果、アジアからの低コストの繊維製品の流れがせき止められることになる。

したがって、二十世紀の貿易をめぐる衝突は、ルールに関するルールの議論、要するにより高いルール形成の問題になったと言えるだろう。国家の政策の中でどのようなものが許されるのか、そしてどのようなものを排除しなければならないのか？　そうした排除をおこなうにはどのような手段があるのか？

ホーリー・スムート法の影響

国際的な規制がこのように新しい方向に進んでいる状況と、国内の課題の中から適切な貿易方針をつくりあげることとは、表裏一体のものだった。なるほど少なくとも表面的には、力を持つ国の主張が現代の貿易交渉を円滑に進める上で、もっとも可能性の高いものと見えるかも知れない。エコノミストがしばしば説明に困るのは、なぜ各国が一方的に自由貿易政策を取ろうとしないのかという点で、というのも、自由貿易が生み出す全体的な利益は、いくつかの部門に与えてきた費用を補ってあまりあるからなのである。その答えはおそらく特定の利益部門が持つ組織力にあって、彼らは自分たちの好みを政治プロセスを通じて押しつけているからだろう。立法府はこの種の圧力に特に弱いもので、議員は特定の利益が集中している地元の人間と密接に結びつくからだ。その結果、議会では一部の利益を積み上げていく（あるいは「慣れ合いで議案を通す」）だけになる。政治科学の古典であるエルマー・シャットシュナイダーの著書『政治・圧力・関税』は、一九二八年の大統領選挙キャンペーン中にハーバート・フーヴァーが提唱した控え目な農業保護政策が一九三〇年の破滅的なホーリー・スムート法と、それに伴う二一〇〇〇もの関税項目へと変わったのは、まさにこうしたメカニズムによると述べている。この点に関して、のちにマンクール・オルソンは、一部の強力な利益集団と、きわめて弱い部分しか代表できなかった一部の勢力との間には違いがあったと述べている。[55]

ホーリー・スムート法については、これが破滅的な法案とすぐにみなされ、世界の貿易を崩壊させ、ひいては大恐慌をもたらした大きな要因だと考えられた。そして貿易方針を改善するためにまずおこなわれたのは、立法府に対する行政府の強化であり、第二に、双方が関税引き下げの方向に進むことだった。こうした二つのステップは実際、一体のものとしてローズベルト政権の国務長官コーデル・ハルがおこなったものである。ハルは批判者たちからはいささか無能な偏執狂と非難されることが多いが、現在では二十世紀後半の貿易システムをつくりあげた人物として広く認められており、比類ないほどの世界的繁栄の時代を生み出した人物とされている。一九三四年の互恵通商条約（RTAA）は、貿易国双方による協議に権限を与えたものだった。こうした協議をめぐって国内で議論がおこなわれていく過程で、開かれた貿易システムから利益を得ようとする人々が自らの主張をすることが容易となって、次善の策と言うべき保護貿易が抑えられることになったのである。

大戦後の貿易システム

第二次世界大戦後の貿易システムは、当初はいささか暫定的なものだったが、それは計画されていた国際的な貿易機構が実現しなかったからである。GATTは一つの枠組みとして、その中で数多くの双方向にわたる協議がおこなわれてきたが、その結果は多国間に及ぶものだった。だとすれば、こうした協議や調停のメカニズムは、RTAAの典型的なやり方を保持していたと言える。のちのGATTの協議、特にケネディ・ラウンドや東京ラウンドの協議は、関税の減少に向けて、まさに多国間の協議がおこなわれるまでになったと言っていい。

貿易交渉が公的な場ではなく、企業同士でおこなわれる動きはRTAAやGATTがそもそも反対していたものだが、一九七〇年代になると、マクロ経済学の不安定と高まる国際化の波が影を潜めていた利益集団を脅かし、その結果再び頭をもたげてくる。私的な利益集団が新たな力を持ってきたことをもっとも鮮やかに示しているのは、一九七四年に成立したアメリカ通商法の三〇一条が外国の輸出業者のダンピングで犠牲となっていると考える企業が、これを法廷の場に持ち出すことを認めた点である。

一九九五年には、GATTの交渉の中で最後にしてもっとも込み入ったラウンド（ウルグアイ・ラウンド）の結果として、世界貿易機関（WTO）が誕生した。これはルールの理想に大きく近づいたもので、事実、そこには強制力と紛争処理の手続きが含まれていた。ところがWTOは、G

ATTが総じて避けようとしてきた政治的方向へ、急速に向かうことになる。こうしたことが起きた理由としては、WTOがますます巨大化した点も挙げることができるだろう。すなわち、GATTが一九四八年にスタートしたときには二三の国が参加し、一九九四年に一二三カ国に増えたのだが、WTOは二〇〇五年の時点で一四八カ国を数えている。また、政治的方向へ進んだのは、この新たな機関の成立前に激しい議論が闘わされて、その過程でこれが果たすべき役割が拡大したことにもよる。実際、北米自由貿易協定（NAFTA）に関する議論では、アメリカ大統領のクリントンが労働と環境問題を含めることを強く主張していた。その結果、こうした問題も、新しい地球規模の貿易機関が扱うべき課題として入れるべきだとの合意が生まれたのである。

WTOと貿易交渉

WTOの進め方はGATTの交渉と比べるとオープンであり、さまざまな代表団の立場は事前によくわかるので、貿易に関する利益団体のロビー活動にさらされることにもなる。そして国内政治がこうしたプロセスに容易に介入できることになる。二〇〇〇年におこなわれたWTOのシアトル会議は、憎悪むき出しの激しい議論の場となった。一般の目に映るレヴェルでは、会議はかなり白熱して、GATTのような曖昧で秘密主義の時代とは大きく違う。交渉に当たる代表団は、WTO反対を唱える勢力が世界貿易の「不公平」に対して抗議をするので、ほとんど包囲網を敷かれたような状況で交渉をしなければならない。交渉そのものでは、アメリカが会議の運営に失敗して非難を受けることが多いが、これは労働者の権利や環境問題をテーマに加えるために、多くの発展途上国が主に自らの工業化戦略に対抗して、昔のような保護主義が姿を変えて出てくると感じるからだろう。

またこれは明らかなことだが、一九九〇年代以降、貿易問題がさらに対立を深め、国際社会の考え方に大きなダメージを及ぼしているのには、ほかにも理由がある。すなわちこの理由とは、貿易問題そのものに内在するものとは関係のない事柄である。冷戦時代には、アメリカとその同盟国との間で、大規模な衝突がたびたび起きていた。たとえば、一九六〇年代のヨーロッパとの「鶏戦争」（当時のEECが鶏の輸入に関税をかけ、これによってアメリカとの間に鶏の輸入をめぐって激しい議論がおこなわれた）、一九七〇年代の日本との自動車問題、一九八〇年代の半導体交渉、あるいは農業関税と農家の支援をめぐって、ヨーロッパとたびたびくり返された議論などである。しかしながら、こうした小競り合いが分裂にまでエスカレートして同盟関係を脅かすことがなかったのは、自らを大物、成熟した大人と考える政治家たちが外務省や首相官邸において、国家の安全保障の基本原則が低次元の貿易交渉如きに崩されてはならないと考えていたからだ。これに対して一九八九年から九〇年になると、政治的衝突の恐れがほとんどなくなった結果、貿易交渉をめぐる軋轢が深刻となって、相手をとことん屈服させるものとなったのである。

開かれた貿易システム促進への道程

けれども、最近の危機的状況の激しさを説明するには、こうした外的枠組みの変化だけでは不十分である。今日の貿易構造において力関係がますます鮮明になっているのは、大企業の利益が増大していることと、貿易をめぐるルールがきわめて複雑で特化したものとなった結果、特定利益集団の意向に沿う方向へねじ曲げられているからだろう。このような流れとなったのには長い歴史がある。一九三〇年代、アメリカの貿易方針が方向転換した背後には政治的妥協があったのだが、そこには国内政治において、外国市場から恩恵を受ける可能性のある企業が互恵的な貿易協定に賛成する動機があると考えられたからである。貿易方針をめぐって企業間の衝突が起きれば、それはシャットシュナイダーの言う馴れ合いによる保護に向かうよりも、むしろ自由化の方向へ進む可能性が高かった(56)。また、貿易をめぐる話し合いがカバーする領域も広がることとなる。特に、アメリカ経済の力が製造業から移行して行くに従い、外国の製造業にアメリカ市場への参入が認められているのに、サービス産業がサービスの世界的自由化をなぜ交渉の場に持ち出せないのかと疑問を出すことになる。たとえば、多くの強力な金融サービス会社、特にアメリカン・エクスプレス、アメリカン・インターナショナル・グループ(AIG)、そしてシティバンクが、一九八二年に米国サービス産業連盟を結成して、貿易協定をサービス部門にまで拡大することを押し進めたが、その基礎にあった考え方は、これこそがアメリカの企業とアメリカの利益が世界

において戦略的に優位になるという点だった。(57)

さまざまな部門や産業の中で企業間の新たな取引がおこなわれれば、貿易開放へ向けてダイナミックな動きが見られることになり、これはちょうど、開かれた世界貿易システム促進のために、企業経営者が派手な広報活動によって大きな利益を可能にすると主張したのと同じだった。ただし、こうした動きには明らかな不利があるのも事実で、国家の政策を、重要な産業の特定利益と明らかに同一視するからである。そのため貿易をめぐる紛争は、大企業同士の激しい闘争になる危険性があった。つまり、貿易方針があたかも利益のみに囚われる傾向がますます進んだのだ。

この傾向はある特定の、いわば微妙な製品の場合に一層強まっていく。すなわち、そうした製品が重要なものであるとの雰囲気に包まれているのだ。よく使う言葉によれば、それは「きわめて重要だから、市場任せにはできない」というものである。食品、宇宙工学、エネルギーといった分野では、戦略的に重要であるとの考え方が国による保護を求める声と結びついて、特に強力となっている。こうした議論の後ろ盾として出てくるものとしては、独特の価格構造から生まれる利潤であれば、それを守るのが望ましいとの議論である。すなわちそれによって、「戦略的貿易理論」では、きわめて高額の投資コストがかかる産業は保護によって発展できるわけで、研究及び始業コストが大きくなる以上、文字通りの独占企業になるわけだ。まさにこうしたケースで、力と政治が利益を上げるためにルールの再定義をしようとの考え方が強まっていくのである。

貿易交渉の枠組み

主要な工業国の食糧補助金制度——EU、アメリカ、日本——は、世界貿易の自由化にとって悪名高い障害となっているものだ。食糧貿易をめぐる軋轢が高まって大きな衝突を引き起こすと、その力は一国の経済で主要な役割を果たしているものを越えて進んでいく。たとえば、特定の国が支配する地域の生産物を増加させるには、バナナという果実の定義はどのように使えるだろうか? 一九九〇年代にもっとも大きく取り上げられた貿易紛争はこのバナナ戦争で、EUは六九カ国に及ぶアフリカ・カリブ・太平洋諸国のバナナを優先する方針を一九九七年に定めたが、これはWTOの規則に抵触するものだった。これによって大きな打撃を受けたのはラテン・アメリカ諸国の生産者だが、この問題をWTOに提訴したのはアメリカで、これにはバナナ生産会社チキータの働きかけが大きかった。この会社はEU市場向けの生産に大きな投資をしていたのだが、その際にヨーロッパ市場が自由化されるとの誤解をしていたのである。この問題——これはホルモン投与をした牛肉に対するEUの反発と同時に進行し、遺伝子操作食品への反発にまで広がる——では、アメリカの企業による働きかけが大きく目立ち、多くのヨーロッパ人は貿易交渉の枠組みが、結局企業の政治的駆け引きでしかないとの確信を持つに至ったのである[58]。

宇宙工学の分野では、限られた大企業しかない以上、利益誘導の政治は拡大していく。軍事的なつながりがあるのは、民間の業者も軍事物資の供給で大きな役割を果たしているからだ。また民間市場に向けてつくられる物資の中には、軍の要求に回されるものもある。理性的で温厚なコメンテーターであるロバート・サムエルソンは（これが「ひどい解決策」であるのは認めているが）、最近になってエアバス社の製品ボイコットを呼びかけていた。アメリカの航空業界がアメリカ製品を買うという愛国的行為をやめるならば、議会はこれに対して何らかの行動を取るべきだというのだ。[59]

政治問題化した原油資源

だが、二十世紀でもっとも政治問題化の激しいものは石油製品だろう。原油生産地を支配することは、すでに第一次世界大戦の戦争目的で大きな役割を果たしていた。国内面に目を向ければ、原油資源の枯渇は中東やベネズエラ、ナイジェリア、そして共産党政権崩壊後のロシアにおいて、支配や独占をめぐる闘争を生み出してきた。また国際政治では、二十世紀後半になって、原油価格が国際経済の政治問題化の程度を測るものとなっている。一九五〇年代と六〇年代に原油価格が低くなっていたときには、安い原油の利用が国際貿易発展の原動力だったが、同時にそれは各国間の軋轢を弱める役割も果たしていたのである。

一九七〇年代、主要原産国の原油価格が一九七三年から七四年にかけてと、一九七九年から八〇年にかけて高騰すると、貿易構造全体が脅威に見舞われた。一九八〇年代と九〇年代には、世界貿易は拡大して、貿易の自由化は原油価格の下降に合わせて進んでいった。二〇〇〇年以降は、

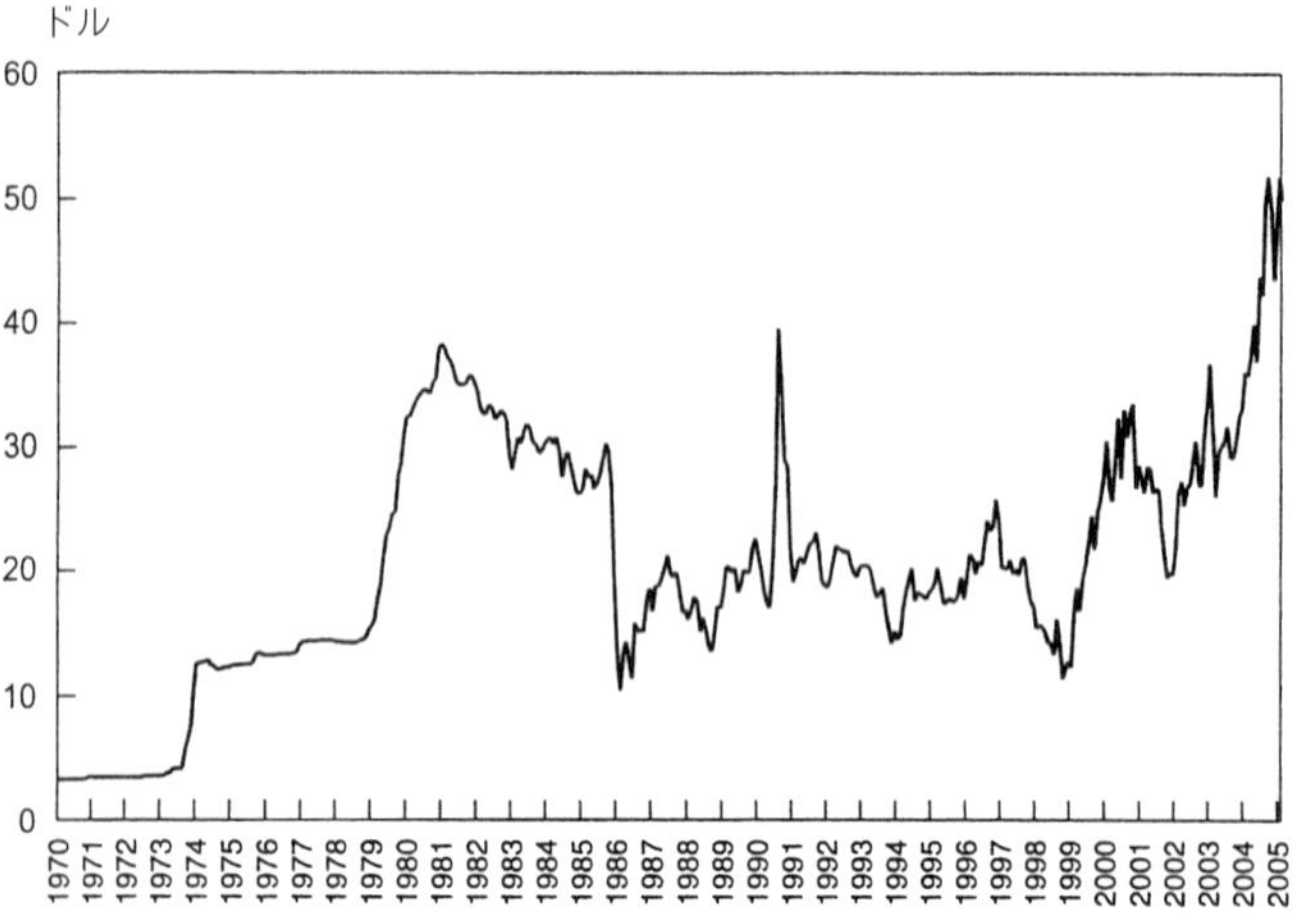

図２　原油終値の推移1970−2005年（１バレル当たり）

原油価格の上昇によって、戦略を再び経済問題の議論に戻す方向に進んでいる。そもそも原油価格の上昇は、第二次パレスチナ紛争の勃発から始まったものである。また特に中国は激しい勢いで発展を遂げており、その結果原油の需要が大きく高まって、原油資源地域を手に入れ（シノペック「中国石油化工」はイランのヤダバラン油田を開発しているし、中国石油天然ガス公司はロシアの石油・天然ガス大企業との関係を深めている）、中央アジアにパイプラインを建設して、輸送網の整備を重要な政治目標としている。政府はいわゆる「改革開放」政策を取り、石油の輸出については二七カ国と共同でこれにあたり、アンゴラに見られるように譲許的融資による支払いや、スーダンには一五〇億ドル相当の債務免除を認めている。こうして中国のダイナミックな新企業の製品を売ることで市場の安定が保たれる一方、市場がエネルギー供給の唯一安定した手段とはなり得なくなっているのだ。

中国が取っている道は、かつて経済的に躍進する国家が石油供給の安定に憂慮して取った行動のくり返しによく似ている。こうした国は市場が弱すぎることを懸念して、その代わりに、自らの利益を確保する手段として、表面的には私的な大企業に頼るべきだと考えた。たとえばイギリスは現在のBP（ブリティッシュ・ペトロリウム）の前身である「イギリス・イラン石油会社」を通じて、一九五〇年代初頭にはイラン政府と派手な衝突を起こしているし、アメリカはサウジアラビアの石油をめぐって、テキサコ及びカリフォルニアのスタンダード石油が支配圏を握るコンソーシアムのアラムコを通じて、こうしたことをおこなっていた。しかし一九七〇年代に大きな衝突が起きると、アメリカは市場に頼る姿勢を強めていく。この当時、原油価格の高騰に対して西欧諸国の政府は、原油産出国は自らの財政的利益の論理によって、再びもとのシステムに戻らざるを得ないと考えていた。価格の上昇から生まれる余剰財源を、産出国がすぐに消費することはできないから、再投資（いわゆる石油ドルの「リサイクル」）が、産出国をかつての国際秩序の安定につなぎ止めると考えたのだ。言い換えれば、市場が「西欧」の道具として魅力を持ち始めたのである。だがまさにこうした理由だからこそ、二十一世紀初頭の中国は市場に疑いを持っているのである。

重商主義政策が支配していた旧体制のもとでは、貿易支配は安全保障によって正当化されていた。現代の世界経済では、多くの品物が市場に任されるが、力関係にとって中心となる物品は別だと考えられている。こうした戦略物資を支配するための争いとは、力が絶えずルールの領域に流れ込むことを意味する。だとすれば重商主義は引き続き魅力的と映るのである。

Ⅱ

東インド会社の発展

こうした貿易問題の議論からわかるのは、これまで市場の存在が、政治とは特定の企業戦略が特定の市場を支配することだとの考え方によって、どの程度動かされてきたかという点である。したがって第二に、企業統治が国際的な経済関係では議論の的となっていて、なぜなら国際的な経済関係は一国の政治と、国が公的にどの分野を重視するかで決まるからだ。会計基準は企業の価値をどのように測定するかが問題となり、ひいては株式市場が市場の動向をどのように評価するか、そして投資家がどれだけ理性的に資源の配分をできるかが問題となる。財務報告基準（GAAP）に基づくアメリカの方法と、ヨーロッパ国際財務基準との確執は、したがってどの企業が資本を惹きつけ、発展できるかをめぐる争いと一般にみなされている。

企業統治はごく最近まで、各国政府と監査機関が厳密に扱う領域と考えられていた。だからといって、貿易をめぐる法律の場合には、最近まで、各国の政治が法律制定に向かう上で、国際的な検討が何ら役割を果たさないと考えられていたわけではない。逆に、国民国家は自らが優先するものを輸出し、それらを隣国に押しつけようとしてきたのである。近代以前では貿易に関して、公的機関は企業に大きな疑いを持って対応してきたのであり、企業の活動を制限しようとしてきた。

近代初期のヨーロッパの国々は総じて弱体であって、重商主義に基づく活動は脅威だと考えており、特にそれらが国境を越えて活動するものであれば、危険視していた。会社や企業の中には（これらは現代の議論ではＮＧＯとみなされるようなものだが）、実際には国土に当たるものを持たなくても、国家のように活動していたものがある。チュートン騎士団やマルタ騎士団は防衛システムをつくりあげ、交易を進め、社会的なネットワークづくりやサービス（病院や学校）をおこなっていたし、もちろんしばしば戦いをくり返した。これらは現代のＮＧＯの原型であり、大義に身を捧げていたが、この大義とはこうした組織に属する人間には何よりも重要なものだった（たとえば聖戦に参加するのもその一つ）。そして大きな会社は同様の活動をしなければならなかったのである。

近代初期ヨーロッパの大きな商業団体は、実際軍隊を抱えていた。その中でももっとも悪名高いのが、フランスとイギリスの東インド会社である。イギリス東インド会社は、イギリスの政治風土が国王（すなわち国）に常備軍の設立をもたらさなかった時代に、重要な軍隊を有していた。東インド会社はほとんど国家に似たような力を持って、これによって対抗する勢力を排除できたのである。つまり、独占企業とみなされていたわけだ。こうした特権的な私企業への批判から政治的圧力が生じ、それがアメリカの独立やフランス革命を引き起こしたのである。この問題をめぐる議論は新たなタイプの国家を生み出すことになる。その正当性が国民の意思から生じたものだから（「われわれ国民は……」）、国家は会社や非国家的な部門にまったく異なる扱いをするのである。フランス革命後の国家は商売を営む企業を扱うにあたり、国家が道徳的に優位にあると主張する。つまり国家とは、少々冷めた頭で、計算できる取引に荷担する勢力ではなくなるのである（これは十六世紀に神聖ローマ帝国皇帝だったカール五世が、銀行家のヤコブ・フッガーとおこなった取引に典型的に見えるものだ）。

こうした国家の発展と成長は、必然的に企業やビジネス風土に不利に働いたと考えるのはまったくの誤りである。むしろ逆に、国家の力が強まることで、商業はずっと予想がつくものとなったし、富を蓄えることも容易になった。ヨーロッパの国家間での競争がよりダイナミックなビジネス世界をつくりあげたとすれば、国民の意思をきちんとまとめあげることで生活はより安定したものとなった。それまでの君主制のもとでは、金を借りた人間が突如破産することも多かったし、ハプスブルク家やヴァロワ家ではしばしば債権者に背を向けて、力ずくで（高利貸しの罪で罰すると脅しをかける）より有利な条件に変えさせることもあったのだ。(60)

ビジネスの世界がこうした状況に対応したのは一つの救いだった。状況が安定している限り、どのような国家の中で会社がビジネスをおこなっていても、きちんと整ったやり方で表現されたものとして国民の意思を尊敬するのは、理にかなった方法だった。十九世紀初頭には、ロスチャイルド家のような巨大な貸し手が、客である国家に機構や代表組織を導入することを主張し始めたが、これによって債務の返済は確実なものとなったからだ。[61] これは完全に自己の利益に基づいて生まれた対外方針だったが、それにしてももちろんきわめて開明的なやり方だった。ビジネスは「善良な市民」としておこなうべきだというのは、事実一つの決まり文句となってきたのである。

企業の公共性

けれども、企業の公共性は二十世紀の間に大きな問題となってきた。次に掲げるのは二十世紀半ばのビジネス・リーダー二人の言葉だが、これを読んだ読者は何ともつまらない言葉だと思うかも知れないし、凡庸きわまりないので、重要な問題を含むテーマを考えているときに、こんなものを検討するのは時間の無駄だと考えるかも知れない。

（1）ある国で認められていて、法律によって保護されている会社が、「無条件で」その国に忠誠を尽くし、国が求めることを誠意を持って受け入れるのは当然である。[62]

（2）たとえばゼネラル・モーターズのような国際的企業が、どこの国であれ、そこで利益を得たいと考えて商業活動に従事するとすれば……経済的な意味でも、そしておそらくは社会的な意味でも、その国に対して義務があるのは当然だと思う。つまりその国の一般的なビジネスのやり方に自らを合わせ、その国の一員であるように努め、できる限り、その国の慣行に合わせて事業をおこない、その国の必要性と考え方に沿うべく製品を作るべきなのである。さらに言えばこの数年の間に目立って見られるものだが、経営陣がそうした国々でおこなわれるさまざまなことに必ずしも賛成できないとしても、こうした立場を守るべきだと思う。(63)

驚くべきことは、このような考え方が実際に口にされている点ではなく、こうした見解が出てくる状況である。「善良な市民」という考え方は、会社がたとえ不愉快だとしても、ビジネスをしている国の政治体制はどのようなものでも受け入れるべきだということなのだろうか？　この二つの引用のうち、前者はマックス・フーバー——スイスにあるリーンフェルド・アルミニウム会社（自動車産業行動委員会に所属）の経営管理運営委員会委員長で、この会社はドイツに大きな生産施設を有する——が、一九四二年に出た社史のまえがきで述べているものだ。フーバーは国際赤十字連盟の会長でもあって、この連盟は第二次世界大戦中、同じような論理を盾にとって、支部から直接ないしは間接的に出された蛮行の証拠を公に議論したり批判することを抑えたのである。こうした行動、ないしは行動の欠如は善良な市民の名の下に正当化され、それが戦後に赤十字連盟に対する大きな批判に結びついたのだが、これは筆者の考えでは当然のことだった。

一方、第二の引用はアルフレッド・スローンの手紙からで、彼はゼネラル・モーターズの会長だった。その彼はナチス時代、会社がドイツに従属していることを憂える株主に対して、こうした手紙を送っているのだ。しかしいずれにしても、この二つの例はかなり例外的な状況に基づくものと言えるかも知れない。

ただ、この二つのエピソードは、国家が必ずしも「善良」とはならないことを鮮やかに示している。今日、もっとも大きな問題は、会社やNGOなどがどのようにして、いかなる基準に基づいて国のやり方を批判し介入できるかであって、そうした国の姿勢が批判を浴びるとき、「統治権」という国際的な法の概念への批判が思い出されることになるのではないか。

国同士で激しい政治的、あるいは軍事的衝突がある世界では、善良な市民としてそれぞれの国々で活発なビジネスを展開している企業に対して、たとえばそれが対立する国であったり、脅威を与えるものであれば、国家が関与してこれをやめさせることもあるだろう。そのときには企業ではなく、国家が適切な外交方針を決定することになるわけだ。第二次世界大戦中、ナチス政権下でビジネスに関わっていた企業にとって、これが最善の策であったし、あるいは最善と考えるべきものだったかも知れない。つまり、中立国であっても、その政府は商業活動を禁じたかも知れないのだ（事実、一九四一年六月の時点で、アメリカ政府はアメリカ企業の活動を禁じたのだが、これはアメリカが参戦する六ヶ月前のことだった）。そしてスイスの問題は、政府が企業活動に関して正しいガイドラインを提示できなかったことで、実際、ナチス・ドイツと通商をおこなっていたスイス企業に政府が信認を与えたこともあった。

政府の統制との対立

こうして政府がビジネスを統制し（政府は商業活動を国のビジネスと考えたがる）、ビジネス世界を政策の支配下におくことになる。しかしながらこのやり方では、ビジネスが国際化すると衝突の可能性が生まれるもので、ビジネスを統制した結果、国と、その国が体現していると考える価値観や利益との間で競合が生じることになる。共通の基準を生み出そうとするのは、企業活動が国境に左右されない世界を明らかに反映しているものでもある。そして企業が国ごとの価値観の相違を乗り越えるのがいかに難しいか、その最近の例はウォール・マートに見られる。サービス産業がグローバル化するにつれて、さまざまな社会の違いを伴って価値観がどのようにほかの国に伝わるかは、ますます複雑な様相を呈するからだ。アメリカの巨大小売業であるウォール・マートはまず、ヨーロッパの従業員にとってはあまりに取り澄ましているように思えた。つまり、職場でどのような態度をすべきかをめぐって、アメリカで議論があったのを受けて、会社側が従業員に給与を支払う際に、それに併せて長文の文書をつけ、従業員の間にあった親密感を一掃しようとしたのだ。その結果、ドイツの従業員はこの文書はドイツの法律に反するものだと主張したが、その理由として彼らが挙げたのは、労働組合は新しいやり方について通知を受けただけで、

これをめぐって議論をおこない、変更を求める機会を法的に保障されていなかった点だった。(64)

国際資本市場の形成

国々を横断するビジネスの規制という新たな問題が最初にはっきりと明らかになったのは、資本移動の割合が高まった結果だった。国際資本市場が一九七〇年代に始まると、国際機関及びアメリカ連邦準備制度理事会の議長アーサー・バーンズが、国境を越えた活動に何らかの規制を加えることを呼びかけた。しかしこうした要求が制度に関する議論にまで発展するのは、一九八二年、ラテン・アメリカ諸国の負債をめぐる危機が大きくなったときで、この危機は一時、貸付国の財政システムの安定を揺るがしかねないと考えられた。この危機の処理とともに、ＩＭＦによる割り当て増加を認める法案の一部として、アメリカ議会は国際貸出銀行法を一九八三年一一月に通過させたが、これによってアメリカ当局は、国際業務に従事する各国銀行に資本基準の統一化を求めることになった。一九八八年までにはバーゼル合意として知られる一連の基準が、主要工業国によって生まれることとなる。ただしこの合意が実施段階ですでに時代遅れと見えたのは、ＯＥＣＤに加盟しているかどうかにかかわらず、国のリスクをきわめて単純に分類することをもとにしていたからだ。そこでこの改定案を出す必要が生まれたのだが、これがきわめて時間がかかるとともに、議論が分かれることが明らかとなる。こうして提出された新たなバーゼル合意には多くの選択肢が含まれており、その中には銀行独自の複雑な会計モデルを許容するものもあった。しかし最後に二〇〇四年になって、アメリカが新たな資本基準を国際的な銀行のみに適用する用意があると表明し、これによって国内部門が守られることになった。

企業統治と貿易をめぐる法律に関わる議論には明らかに重なり合うものもあるし、これら二つと金融の安定との間にも重なるものがある。すでに一九九七年から九八年にかけてのアジア金融危機以前に、アメリカ財務省とアメリカ銀行業界はアジア諸国に対して金融市場の開放を求めていたが、それはこの問題を主としてサービス産業の貿易自由化に関わるものとして扱っていたからだ（金融の安定は主眼ではなかった）。その大きな根拠は外国企業の参入によって、効率と生産性が大きく上がると考えたからである[65]。『ニューヨーク・タイムズ』の要約によれば、一九九六年のアメリカ財務省のメモでは「第一に財務省がさらなる自由化を求めている領域は……外国人が韓国の国債を買えるようにすること。韓国企業が海外で短期及び長期の貸付を受けられること。外国人が韓国株を容易に変えるようにすることである……これらはすべてアメリカ金融界には利益となるものだ[66]」。アジア金融危機のあと、国際機関及びアメリカ政府は分析の多くを、アジア経済の危機を招いた統治の誤り、あるいは「クローニー・キャピタリズム」（縁故資本主義）に向けていた。この分析によれば、クローニー・キャピタリズムは生産性の低い企業へ間違った投資をおこない、それがモラル・ハザードに結びついたという。国際的な貸手や投資家は政治的に良好なつながりを持つ借手に好んで投資をし、その結果、負債があたかも政府の保障を得ているような印象を与えることになる。こうした状態を改革するには、腐敗した構造、会計制度、欠陥構造を一掃して、企業透明性の確保が必要だった。

貿易交渉をめぐるドーハ・ラウンドの議論でもっとも白熱したのは、投資に関するルールだった。これは発展途上国の目から見れば、工業によって資本を輸出する国々は企業に一方的に利益をもたらすものだと思えることが多かった。投資ルール（いわゆるシンガポール問題）をめぐっては日本とEUが強硬姿勢を崩さず、これがWTOのカンクン閣僚会議が決裂する大きな要因となった。

現代社会が抱えるジレンマ

統治の問題を分析するには、全体に関わるルールの問題と、自己の利益に関わる議論とを、それが貿易投資に関わるものであれ、あるいはクローニー・キャピタリズムの排除であれ、きちんと区別するのは難しい。批判勢力が指摘するのは、国内の金融システムにさらなる透明性を確保することは、現実には巨大なアメリカ企業やEU企業に市場を開放することを意味するという。アメリカの銀行はメキシコ、韓国で支配的な位置を占めているし、南アメリカではスペインの銀行が圧倒的に強かったのである。アメリカとほかの大工業国で大企業のスキャンダルが表面化したあと、一九九七年から九八年にかけてのアジアに対する説得は、その多くが現実性の薄いものと見えたのである。ここでも再び、具体的な利益や力の突出を隠蔽するものとみなされることが多かったのだ。

一九九七年から九八年のアジア金融危機以後、現代のグローバル企業、特にその中でも経済の新しい（そして非製造業）部門が弱点を抱えていることが、新たな方面から明らかになった。世界規模の製造業、たとえば二十一世紀初頭のシンガーミシンやインターナショナル・ハーベスター、あるいは最盛期のＩＢＭも、製品の質と、複雑で壊れやすい機器の迅速な修理に力を注ぐことで、その名声を保つことができている。製造業における製品の質は、最近の世界経済で発展を遂げる技術中心のサービス産業よりも、企業トップの力によって保たれることが多いのである。

一九九〇年代の問題、すなわち新興市場が、資金に恵まれない技術力の弱い金融部門から大きな痛手を受けている点に対して、企業側からのもっとも明快な解決策は、優良なアメリカの（そしてヨーロッパのいくつかも含む）銀行の力を注入することだった。その結果、シティバンク（のちにシティグループとなる）のような存在が、新しい経営理念の体現となった。しかし現実には、こうしたグローバル企業は地元の労働力を大幅に雇う必要があって、というのも結局、こうした企業も地域を基盤にして業務をおこなっているし、失敗を犯せばそれは地元のみならず、世界的な規模でグローバルなブランドに傷がつくという弱点を抱えることになるからだ。そしてこのブランドを支えているのは、金融システムの運営に、より洗練され、より整備された方法をどれだけ導入できるかなのである。こうしてシティバンクは、一九九四年から九五年の危機以降、メキシコの脆い金融システムを救う理想的機関として、あるいは一九九七年から九八年以後の韓国を救うものとして、改革を叫ぶ人々からみなされていた。けれどもシティバンクも、そのグローバルな経営哲学を揺るがす小規模な問題によって、急速に色褪せた存在となっていく。メキシコの民間銀行をめぐっては大きなスキャンダルが起きたし、日本の金融庁による二〇〇一年八月以後の査察では、株価操作のための貸付や、利益水増し発表に手を貸したこと、あるいは犯罪歴のある新規顧客のチェックを怠ったことなどが指摘された。さらに二〇〇一年のあと、アルゼンチンで巨額の損失を出し、二〇〇四年にはドイツの金融監督機関から、シティグループが一一〇億ユーロの債権を市場に投入し、これによって市場を混乱させて、市場参加者に多くの損失を出させたと批判されている。最後の件に関しては、ヨーロッパ債権機構の当事者がこれを「ドクター・イーヴィル」（悪の博士）と呼んだという。また日本でのスキャンダルをめぐっては、シティバンクは前のアメリカ連邦通貨監督官であるユージン・ルードヴィグに報告書作成を依頼したが、彼はこう結論づけている。「あとから考えれば、グローバルなビジネスと国際的な管理が、日本における経営状況の悪化を十分に理解していたのか疑問に思わざるを得ない」。またシティグループの新しい経営責任者は、自社が短期の利益を追い求めて「特権を台無しにした」ことを認めている。「これはわれわれの失敗である。なぜならわれわれが考えていたのは数字を上げることだけだった。これは金輪際やめた(67)」。

まるで循環をしながら発展していくように、現代の企業は手を広げすぎて同じ問題を起こしたかと思うと、同時に近代初期の商社に見られたグローバルな弱点を抱えるように見えたのである。こうして、フランス革命前のヨーロッパで、各国が抱えていた規制に関わる議論が、今度は国際的なレヴェルで現れることになっている。だがこの問題はなかなか解決が難しく見える。きわめてよく統一されたEUの中でも、銀行システムの規制はヨーロッパ全体の問題ではなく、各国の問題なのである。こうした欠陥を持つと思える機構を守ろうとする人々は、アメリカのさらに理屈に合わない状況に救いを求めようとするが、そもそもアメリカでは、保険は連邦レヴェルではなく、州レヴェルで規制がおこなわれているのだ。

IMFの介入

このような現代のジレンマに対しては二つの解決策があるだろうが、ただしそのどちらも新たな大きな問題を起こすことになる。国際秩序をより緊密につくり上げることで透明性は確保できるし、各国からの圧力を免れる可能性も高まるだろう。第二に、企業統治の問題は法律に則った方法に頼ることで処理できるようになるし、事実こうした法的手段は国境を越えて適用されることが増えている。法律の制定は依然として国に任されているだろうが、激しさを増す新しい領域での紛争処理に当たるためには、国際機関が準備されているのが現状である。

まず第一の策は、企業風土に新たな規制をもたらすことになる。過去一〇年以上の間、国際機関が企業統治の問題に組織的に取り組む試みがなされてきた。これは現代経済の法的枠組みがあまりに複雑なため、各国政府が必要となるすべてのルールをゼロからつくることが不必要と思えるくらい、そして異常なほどに込み入ったものになるからである。現実に共産主義の崩壊後、多くの国が市場経済を採用したとき、ほとんど決まってそれらの国が手本としたのは、ECあるいはEU、そしてアメリカの法律体系のどちらかだった(68)。

企業統治に強い関心を持つ国際機関の動きは、部分的には、国境を越えた企業発展に反応したものである。しかし同時にそれは、ある一つの知的枠組みが生み出したものでもある。第二次世界大戦後のほとんどの時代を通じて、発展の理論はきわめて単純なマクロ経済の用語で述べられてきたが、中でも特に目立ったのは、より多くの資源を投資に回す必要があるという点だった。しかし過去二〇年の間に、大規模な投資だけが発展を保証するものではない、したがってそうした投資は失敗になる可能性があるとの認識が生まれた結果、焦点が移っていく。効率性に関するミクロ経済学の議論は、それまでのマクロ経済学の方法（大多数はケインズ学派である）が保持していた地位に代わることになった。そして効率を考える上で、企業統治は一つの重要な決定要因なのである。

アジア経済危機の間も、そしてそののちも、世界銀行と国際通貨基金は、大規模な構造改革を積極的に押し進めたが、これは二つの機関の融資条件に含まれていた。こうした介入プログラムの中でももっとも有名なのはインドネシアとの交渉で、当時、この国は圧制的なスハルト政権の崩壊とともに、政治的変化の時代にあった。インドネシアへの対応で特に重視された問題は、IMFは大きなマクロ経済的問題に関わる機関だと考えていた人々には、驚くほど細かく思えたのである。たとえば、一九九八年二月一日発効。取引業者はあらゆる商品を地域を越えて売買、移動する自由を所有し、その商品の中にはクローブ、カシュー・ナッツ、オレンジ、バニラも含まれる。特に、クローブは価格を限定せずに売買をおこなうことが許可され、これは至急発効されて、一九九八年六月までにクローブ取引所は閉鎖される。

大きな論議を呼んだＩＭＦの細かい介入は、その多くがスハルト政権の縁故などに基づくネットワークを崩す目的があった。したがってその計画を実効に移す手段として、ＩＭＦはクローブ独占を終わらせることを求めたのである。そしてこの独占は、至る所にあるクレテック煙草（クローブ入り紙巻き）の製造にとって必須であるだけでなく、実はスハルト体制の影響力を支える大動脈でもあった。またＩＭＦは一九九七年一一月には一六にのぼる債務超過の銀行の閉鎖を主張したが、これは反対勢力によれば、金融パニックを悪化させるものだったという(69)。

同時にこうした要求は、国力のバランスを変化させるための介入のようにも思えた。つまり、アメリカ企業の優位を生み出すためのもので、これによってアメリカ企業は危機直後のたたき売りのような価格で資産を手に入れる可能性があったのだ。こうして国際的な解決策は、国内政治の網の目にからんでいくのみならず、国内企業の争いの目に関わることになる。すなわち、こうした争いはそもそも二つのまったく異なるシステムに端を発したもので、アジア金融危機の解決策としてのアメリカ流の企業改革とアジア流の企業改革は、マレーシアの首相マハティール・ムハマドのような反対派から見れば、悪化した企業統治の全体的な問題への解決策ではなく、むしろ反アジア攻勢の一環と見ることも可能となる。ルールを求める動きが特定の利益に寄与することとなったのである。

ルールは国境を超えるのか

さて、現代の問題に対する第二の解決策は法的措置を含むものだが、これもまた力は国境を越えて及ぶものなのかとの問題を提起することになる。国際機構が企業統治の優位をめぐっての争いに巻き込まれる代わりに、異なる政治秩序から生まれる法廷での衝突が生まれるわけだ。たとえば企業が多くの国の国民の所有であって、いくつかの証券取引所に上場され、グローバルなビジネスをしている場合、法的問題が適切な結論を得られるか、あるいは解決に至るかは不透明なものとなる。

力の政治が企業改革とどう絡んでいるかを特に鮮やかに示す例は、ロシアの石油会社ユーコスをめぐるものだ。原料の力が高い利益をもたらすことを考えれば、力が介入したもっとも極端な例がエネルギー部門で起きることは、おそらくは驚くには当たるまい。ロシアのプーチン大統領は政府のキャンペーンにより、寡頭支配体制に対する戦いの一環としてユーコスの資産を抑えて売却し、負債の支払いに充てることとした。ちなみにこの寡頭勢力は、一九九〇年代にロシアの政治路線を操作し、歪めてきたものだった。ユーコスを率いるミハイル・コドロコフスキーへの主な批判は、この人物が一九九四年にメナテップ商業銀行の頭取であったとき、ロシアの国家財産を民営化する流れをねじ曲げるために陰謀を企てたというものだった。コドロコフスキーの逮捕は、世界各地でおこなわれた企業による違法行為、たとえばエンロンやワールドコム、あるいはパルマラートのまさにロシア版だった。これに対してユーコスは政府のやり方を、文字通りアンシャン・レジーム期の資産差し押さえだと批判し、財産権を踏みにじるものだと主張して、ロシアの資本主義への移行の基礎と法律とを無視する行為だとした。ところがこの問題はロシア一国に留まらなかった。ユーコスの一五パーセントほどに当たる資本がアメリカの投資家の所有であり、この投資家たちがテキサスの法廷に提訴したのである。ロシア政府の観点からすれば、同じような国際的ゲーム、つまり国の利益を築くために自国の司法に訴えることはあり得ることだった。結局この問題はロシアの法律だけで裁かれることになる。二〇〇四年末、ユーコスの資産の一部を転売し、これを再国有化してユーガンスクネフトガスに回す際、資金を提供したのはドイツの銀行で、これは大々的に報じられたプーチンとドイツ首相ゲアハルト・シュレーダーの会談直後のことだった。そして新会社の約二パーセントの資本は中国石油天然気集団公司に売却されたが、これはクレムリンのアナリストによれば、「ロシアがアメリカ、ヨーロッパに失望した明らかな印である」[70]とのことだった。

企業統治のさまざまな面に関する紛争、たとえば会計ルールや、各国のさまざまな法律伝統から生まれた商法の原則をどのように適用するかは、すべて大きな問題となるのであって、そこでは力ずくで利益を要求する姿が見られるものである。法の安定性の代わりに、異なる法律風土と企業法規の伝統の対立は、国際政治の大規模な交渉の一部として扱われるようになり始めた。その結果、ルールとはかなり独断的なものか、あるいはまさにルールなどないと見えているのだ。

Ⅲ

政治と力

第三に、投資の流れは、資産や価値の金銭的報酬に関する議論を生み出し、ひいてはそれを規制する方法についての議論となる。国際的な金融秩序は企業統治をめぐる議論に組み込まれるが、より大きな面では政治と力をめぐる議論に含まれることになる。

「グローバル化」の解釈では、国際経済が円滑に推移するには安定した金融ルール・システムが必要である。そしてそうしたシステムは、明らかにかなり幅広い枠組みを取るだろう。戦間期と第二次世界大戦による崩壊後、世界の金融秩序を回復する動きは、固定為替レートと資本移動の制限を基盤におこなわれた。また包括的なルール体系は、戦後の時代につくられている。現代のグローバル化は、主要な工業国の経済では変動為替レートを基盤とし、資本の移動が前提となっているが、これは一九四四年に出されたＩＭＦ協定の背後にある法律文書が、加盟国に対して「為替相場の秩序維持と安定した為替レートシステムを促進する」ために修正がなされたからだった。しかしこうした金融秩序と固定為替レート体制、そして一九七六年の第二回修正による「安定した」変動為替レートは、どちらも本質的に一貫して強固なものである。

「帝国主義」の見方では、こうしたルールにはその背後に政治の影が見えるのであり、それがルールの適用を操作していることになる。ブレトン・ウッズ体制（戦後最初の固定為替レート）と現代の国際経済は、アメリカに不公平な地位を与えた。最初のアメリカ側の草稿では、新たな国際的通貨基準単位が戦後の金融システムの基礎となっていたのだが、アメリカの代表であるハリー・デクスター・ホワイトが早い段階で明らかにしたことによれば、実はアメリカ・ドルが「戦後の安定した通貨構造の礎となるだろう(71)」と考えていたという。したがってＩＭＦ協定の原案では、加盟国に対して金《きん》ないしはアメリカ・ドルを基軸として通貨を固定させることを要求していたのである。こうして初期の段階から、アメリカからの投資ファンドの大量流出が生まれたのだが、これらはアメリカ以外の場所で、有形通貨と短期資金が増加する動きと呼応していた。この事実が、アメリカ及びアメリカの多国籍企業が何ら対価を払うことなく、グローバルな経済支配をおこないつつあるとの批判を招いたのである。というのも、ほかの国々の外貨準備金が実際にはアメリカの資金調達の役割を果たしていたからだ。

国際的なルールづくりをめぐる問題が表立った議論となったのは、貿易摩擦や企業統治の議論と同様に、かなり最近のことである。しかしその下に潜む問題は前々から指摘されていた。特に金融部門では、議論はかつての金本位制を顧みるかたちでおこなわれることが多い。というのも、金本位制は十九世紀と二十世紀初頭をグローバル化に押し進める要となったルールだと考えられているからだ。金本位制とイギリスのヘゲモニーとは関連づけられるのが普通である。そしてロンドンは一九一四年以前の世界では、間違いなく金融の中心だった。十九世紀初頭、イギリスとその最古の同盟国であるポルトガル（これは経済的にはあまり重要な位置を占めていなかった）だけが金本位制だった。しかし十九世紀末までには、どの主要国も金本位制を採用し、銀本位制をとる国（メキシコと中国）はいささか異常だと考えられていた。その結果、金本位制はマンチェスター主義の勝利と手を携えて進むものとみなされたのである。

実は金本位制は国際的なシステムではあったが、貨幣と通貨を一体化するルールとして一般に認められたものではなかった。もちろんすでにこれを試みたことはある。一八六七年、ナポレオン三世がパリで国際金融会議を開いたが、そのときナポレオン三世とそのアドバイザーたちは、この会議で本位制の問題は解決し、世界通貨の導入が可能になると考えていた[72]。為替レートを少し変更するだけで、フラン（西南ヨーロッパで広く使われていた）、イギリスのポンド、そしてアメリカのドルを一緒にできると考えていたのだ。なぜなら一ドルは金にして五フラン、一ポンドは二五フラン（つまり五ドル）の価値があったからだ。しかしこれはおおよそのレートであって、正確なものではなかった。そのためこの計画は失敗に終わったのだが、それはイギリス政府が、ポンドと等価の金属を少しでも変更すれば、非難の声があがると恐れたからだった。したがって金本位制は国際基準として一般に認められたわけではなく、むしろケネス・ダムが言うように、「基本的には主要な貿易国それぞれの国内法に基づくものだった」[73]。

こうした金本位制の実際の動きをアナリストが見ていると、このシステムの中心にいる各国の中央銀行が国際問題にほとんど注意を払っていないことに驚くのである。中央銀行の主な仕事は公定歩合の操作だった。つまり、金利を定めて商業活動に十分な資金の流動性をもたらすことだが、その際には中央銀行の金準備高が大量の紙幣流通によって脅かされないようにする必要がある。カール・ポランニーはこれによって、「十九世紀の状況下では、対外貿易と金本位制は国内ビジネスの要求よりも、間違いなく先んじる」[74]状況が生まれたと言うが、これは誤りである。こうしたシステムを協調して守るもの、そして国際的な結びつきは、一八九〇年までは驚くほど弱いものだった。協調姿勢が強くなったのはまさに金本位制が最後に達した時期であって、そのときには国際関係は全体として悪化しつつあり、第一次世界大戦への道を進んでいたのである。[75]

金本位制を支えた信念も、国際的なルールやメカニズムとはまったく無縁のものだった。「国際的なシステムがこれを要求している」と述べて、金本位制や公定歩合を擁護する人間もいなかったのである。これに代わって心の底で信じていたのは、多くの人間が金こそもっとも明確で適切な価値を持つものだと考えている点だった。これは抽象的な信念などではなかった。金貨は広く流通しており、これを変更するとすれば手間もかかるし、政治的な混乱も起こることで、各国は結局金に固執したのだ。金貨を一掃して、代わりに紙幣や重くて不便な銀（シェイクスピアの言葉を借りれば、「青白い顔をして人と人の間をあくせくするつまらないもの」）を使うのは、国が壊滅的な危機に陥ったときでなければ考えられなかった。なぜなら金は進歩、繁栄、礼節を体現するものだったからだ。現代の用語を使えば、金が引き起こす感情とはシステムに心を託すメカニズムなのである。

金本位制の運用は、たとえば超大国の間で武力衝突が起きたような場合には、停止することが期待されていたが、同時にその衝突が終われば再び復活すると考えられていた。この方法のモデルとなったのは、ナポレオン戦争時とその後に、イギリスが金本位制を停止し、再び復活させたことだった。しかし一九二〇年代に金本位制が復活したときには、これが不安定で不満足なものとなった。その理由は、正しく言えば金本位制ではなく、多くの国がドルやポンドのような主要通貨を保持していたからである（戦争前のシステムを有していたインドや日本のように、実際には金の節約をするために大量のポンドを保持している国があった）。しかし理由はそれだけではなく、根本的な違いもあって、それは金貨が人々のポケットに入っていなかったことだ。つまり、金貨をほかの貨幣に交換する手数料が低くなればなるほど、金貨離れが加速したのである。一九二〇年代のシステムは戦前とは異なって、システマティックな国際的ルールづくりへの試みにまさに依存していた。

重要な会議となったのは一九二二年に開かれたジュネーヴ会議で、ここではとりわけイギリスが金本位制の復活を主張し、これを各国の協調体制のもとに実現することを求めた。ところがこの提案に対しては、すぐに疑念が持ち上がる。つまりこれは明らかにイギリスに有利になるものであり、イギリスの銀行のために無理矢理海外市場の開放を意図したものではないか、というのだ。

第二次世界大戦後の金融秩序も、ブレトン・ウッズ会議で決定された。当初、英米双方が提出した案は、新たな国際的通貨制度を提示していた。イギリスの立場を代表して経済学者のジョン・メイナード・ケインズは、新しい制度を「バンコール (bancor)」(あるいは「バンク・ゴールド」)と名づけている。人工的な通貨は金よりも安定したものとなる。なぜなら金の価格は、需要ではなく、新たな金鉱が発見されることで不安定な動きを示すからである。ケインズは紙幣の利点を、国の政治に左右されることから何とか引き離そうと苦闘していた。ところがアメリカの代表であるハリー・デクスター・ホワイトは密かに、国際的な金融秩序におけるアメリカ・ドルのぬきんでた立場を常に主張しており、ホワイトの要請を受けて開かれた委員会が一つの原則を挿入することになる。すなわち、どの国も「固定レート」を定めるにあたっては、「金を共通の標準とするか、アメリカのドルを基軸とし、一九四四年七月一日に発効する」としたのである。(76)

こうしたドルの位置はすぐさま論議を巻き起こしたが、それはほかの国々が当初から、輸入に必要なドルを手に入れることができなかったからで、多くの識者は、世界が永続的かつデフレ的な「ドル不足」によって被害を受けると予想し始めることになる。アメリカの資本流出と海外での軍事支出が一九五〇年代と六〇年代に増加すると、この不安は逆方向に進み、アメリカは収入以上の生活をして、その通貨を世界中に押しつけていると言われることになった。各国はドルを外貨準備として蓄える以外にほとんど選択肢がないため、ドルの保有量は増加して、アメリカの貿易パートナーである国々では、国内の金融拡大が進むことになる。また神経質な動きも生まれたが、これは理論的には世界の残りの国々が外貨準備を引き上げる可能性もあったからだ。そしてもしこの引き上げが急に起きれば、信頼関係が大きな危機に見舞われることになる。

ドルと帝国

このドルをめぐる議論を帝国をめぐる議論に置き換えたのは、フランス大統領のド・ゴールである。一九六〇年代初頭、彼は「西ヨーロッパが知らず知らずのうちに、アメリカ人の保護下に入ってしまった。今こそわれわれはこの従属関係から自由にならなければならない。しかしこの場合難しいのは、植民地が実は自らを解放しようとしていないことだ」と述べている。フランスの指導者たちにとって軋轢が強く懸念されるのは財政と経済の領域で、そこでは外国資本が侵入しているからだった。ド・ゴールは側近のアラン・ペイルフィットに次のように説明している。「アメリカの帝国主義から逃れられる領域はない。それはあらゆるかたちをとっている。もっとも狡猾なのはドルというかたちだ」[77]。一九六四年二月の記者会見では、ド・ゴールはアメリカの地位を「途方もない特権」だと記憶に残る言葉で述べている。「アメリカ人は市民の消費と軍事的帝国主義に『ＯＰＭ』で金を払っている」。ＯＰＭとは'Other Peoples' Money'「ほかの国の金」というわけだ。こうした考え方はド・ゴールが去ったあとも取り憑いていた。フランスの次の大統領はジョルジュ・ポンピドーだが、大蔵大臣のジスカール・デスタンが一九七〇年にＩＭＦの年次総会でおこなったスピーチに、ポンピドーは自ら一節を入れて、ドルがあらゆる悪の根源だと述べた。「わたしには、ドルの役割がいかに不健全であるか、またドルが一貫して購買力を失いつつあるかを、攻撃的になることなく示すのが必要だと思えるのです。……思い出すのはニューヨークで述べたこと、つまり他人に時計をきちんと合わせろと繰り返し言っても、壊れた時計では役に立たない点です」(78)。ブレトン・ウッズ体制では、アメリカはドルを基軸通貨とすることで、資本の流出と軍事支出に財政的裏づけをすることができた。ド・ゴールとその後継者たちは不満を唱えたが、彼らはドルの役割を揺さぶることができなかったのである。

ド・ゴールとジャン＝ジャック・セルヴァンシュレーベルらの批判勢力が一九六〇年代にこの問題を取り上げたとき、彼らはアメリカの貿易赤字を指摘したが、実は当時の経常勘定は黒字だった。こうした批判がさらに説得力あるものとなったのは数十年後で、そのときのアメリカは構造的な経常赤字をを示していたから、外国の投資家や外国の中央銀行がアメリカ人の消費を助けているとの見解は、一層受け入れられるものとなったのである。

基軸通貨としてのドル

ドルは国際秩序の基軸通貨であり続け、圧倒的な量の外貨準備がドルでおこなわれる状況も続いたが、これは一九七一年から七三年に固定為替レート体制が崩壊したあともまだ続いていた。当時、多くの識者、とりわけフランスの識者は、国際的な金融秩序を根本的にドルから引き離すことを望み、あるいはそれが可能だと考えていた。フランスの二人の経済ライターが『ドルの死』を書き、その中でアメリカのドルをフランス革命時の価値のない紙切れ、「アシニア紙幣」になぞらえていたのだ。その結論によれば、「無責任な銀行家であり、腐敗した金商であるアメリカは、深刻な破産状態にある」[79]とのことだった。各国の間では事態収拾のために何らかのメカニズム、あるいはルールをつくる動きが生まれ、それによってアメリカが余剰ドルを通貨の籠に入れること（これは「代用口座」の名前で知られている）が考えられたが、結局実現を見なかった。そこで『ウォール・ストリート・ジャーナル』、『ロンドン・タイムズ』、『ル・モンド』の特集ページでは、世界を金本位制に戻すべきだとの考え方が派手に喧伝された。

一九六〇年代と変動相場制の時代が奇妙に似ていることで、アメリカに疑念を抱く動きが出てくる。つまり、新たな金融秩序をつくることや、アメリカの策略を覆せる組織をつくることに、果たしてアメリカ自体が十分な時間と知恵を使っているのか、疑いを持つ傾向が生まれたのだ。特に、長い歴史を誇るヨーロッパの金融統合の動きに、経済心理学者の言葉を借りれば「ドルへの嫉妬」が浸透しているというわけだ。ヨーロッパの多くの通貨、特に影響力の大きいドイツ・マルクなどが、政治によって支配的な通貨をつくる動きを阻害する役割を果たしてきた。通貨は政治的な選択を制限すべきだとの要求は、ヨーロッパの過去にあったインフレ問題を回避する必要があるとの意識から生まれたのである。二つの世界大戦後、ヨーロッパ各国の政府は輪転機を通じて支出分を払ってきた結果、国民にさまざまなインフレのトラウマを与えることになる。ドイツ・マルクはそれとともに、通貨とはどうあるべきかについて狭い考えを持っており、この考え方が通貨のユーロにも持ち込まれているのである。

ドイツ・マルクやユーロとは対照的に、ドルは「強い」通貨であり、これを政治的に操る人間がアメリカの国益のために使うことができる。そのためヨーロッパが通貨問題での無力を強く感じれば感じるほど、アメリカがドルによる力の支配を目論んでいると憤るのである。一九七〇年、ヨーロッパの金融統合に向けてウェルナー・プランが立案されたのは、ブレトン・ウッズ体制が最終的な危機に陥ったからである。そしてヨーロッパの金融システムは、部分的にはアメリカ大統領ジミー・カーターが世界の金融システムを悪用しているとの認識から生まれたものだった。ベルギーのエコノミストであるロベール・トリフィンは、ブレトン・ウッズ体制におけるドルの危機的ジレンマをいち早く説得力ある言葉で批判した人物だが、彼の言葉によれば、ヨーロッパが金融問題でイニシャティブを取る目的は、「アメリカの政策及びその失敗の悪影響を少なくして、安定したオアシス」(80)をつくることにあるという。こうして一九九〇年代のヨーロッパ金融統合の動きには、（常にではないにしても）反アメリカ的な響きが含まれることがあったのである。

一九九〇年代になると、たとえば一九九四年から九五年のメキシコに対する国際的な援助を、ヨーロッパが批判することになる。すなわちこれは、世界全体の利益よりも、アメリカの利益を第一に考えたものだとみなされたからだ。大規模な国際的援助もないままメキシコが崩壊するとしても、それは世界に経済危機が広がるというよりも、メキシコ人労働者が大量に国境を越えてアメリカに流れ込む点が問題だと考えられたのである。同じことは一九九七年から九八年にかけて、アジア金融危機に対するアメリカの態度を、アジアだけでなくヨーロッパでも批判する動きが見られた。また主要な商品、とりわけ政治的に重要な原油価格がドル建てであることにも苛立ちが生じ、これに代わってより国際的な、あるいはアメリカ色の薄い選択肢を求める動きも出てきた。

特に貿易、企業統治、金融問題に関しては、世界をパワー・ポリティックスの角度から見直す動きが強まっていて、グローバル化よりも、帝国のレンズを通してみる傾向が出ているのだ。この傾向は特にヨーロッパの場合、新たな冷戦後の時代に地政学や地理経済学が台頭してくると、それらに対する不満が強まっていく。一九六〇年代、ド・ゴールらの批判が頂点に達していた時期、ヨーロッパはそのような批判だけではなく、アメリカの地位及びドルの地位に対しても戦いを挑むことができた。そして二十一世紀が始まってまもない今は、それは不可能になっているが、これに代わってアメリカ中心のシステムに対する挑戦と脅威は、ほかの地域から生まれている。

しかし批判勢力はその大部分が力を持っていない以上、帝国主義という言葉を使ってドルによる政治を批判し、あるいは企業統治に対するＷＴＯの方針や新しい国際的な取り組みを批判するしかないのである。その結果、専制的なルールへの攻撃は、グローバル化とその不確実性が生み出した幅広い不満を顕著に示すものとなってきたわけだ。

第4章

この状況は続くのか?

アメリカの役割は続くのか

前章で見た世界経済のルールに基づく捉え方とその変化は、このシステムにおけるアメリカの役割が地理的、時間的にどのくらい続く可能性があるのか、どの程度それが他国の了解と協調に依存しているのか、そしていかなる限界がこの一方的な関係に存在するのかなどの問題を提起することになる。国家、とりわけヘゲモニーを握る国家は、自らの資本を浪費し、それ故に破滅に見舞われる危険性が常にある。このことをアダム・スミスは次のように述べている。

ヨーロッパの大国はすべて巨額の債務に苦しんでいて、これはおそらく長期的には破滅への道を辿るだろうが、こうした債務が増加する過程はほとんど同じであった。巨額の債務がある水準まで達したとき、公正な手段で全額が返済された例は一つもないのではないか。財政収入を仮に債務の返済に充てることがなかったケースがあったとしても、それはすべて破産によるものだった。この場合、破産が宣告された場合もあるが、ほとんどは実際の破産を隠して、返済を装っているのである。[81]

各国が将来を推定して、自国の破滅を予想するときには、競争相手はどのような弱点であれ、それを利用すると考えることも多い。アメリカの衰退をめぐる議論では、後継者が待ちかまえていて、そのあとを虎視眈々とねらっていると考えるのが普通である。[82] 一九八〇年代には、その後継者は一般に日本かヨーロッパだと考えられていた。しかし現在ではインドか中国の可能性が高くなっている（ただしヨーロッパ後継説を依然として採る向きもあって、これはヨーロッパが非伝統的な異種類の力を試していると考えているからだ。これについては第7章を参照）。インドと中国は、アメリカの技術、社会、あるいは軍事的拡大に効果的な挑戦をした国々、たとえば一九八〇年代のヨーロッパや日本と比べれば、遥かに離れているのは明らかだろう。しかも、歴史上の先例を知る人間からすれば、この二カ国が激しい勢いで発展して大国にのし上がる可能性はあるにしても、そこまでの過程には大きな変化と不安定要素があることがわかる。

文化的影響力による支配

アメリカは歴史上に現れた帝国と違って、その支配は領土の拡張よりも、文化的影響力、とりわけ経済的影響によるものが大きい。実際、ドミニク・リーヴェンがその広範囲にわたる書物『帝国』で指摘しているように、伝統的な帝国の現代版はアメリカよりは、インドやインドネシア（あるいはEU）のように、多様な人種を抱え、非効率的な官僚機構をもつ国なのである。[83] けれども経済及び文化の影響はどちらも相互作用が常にあるのが特徴で、この点が合意に基づいているように見える点で、帝国の武力による支配とは大きく違う。批判勢力は多くの帝国の特徴を、そこが生み出したものだけで描こうとするために、結果は何とも驚くべきものとなる。大英帝国

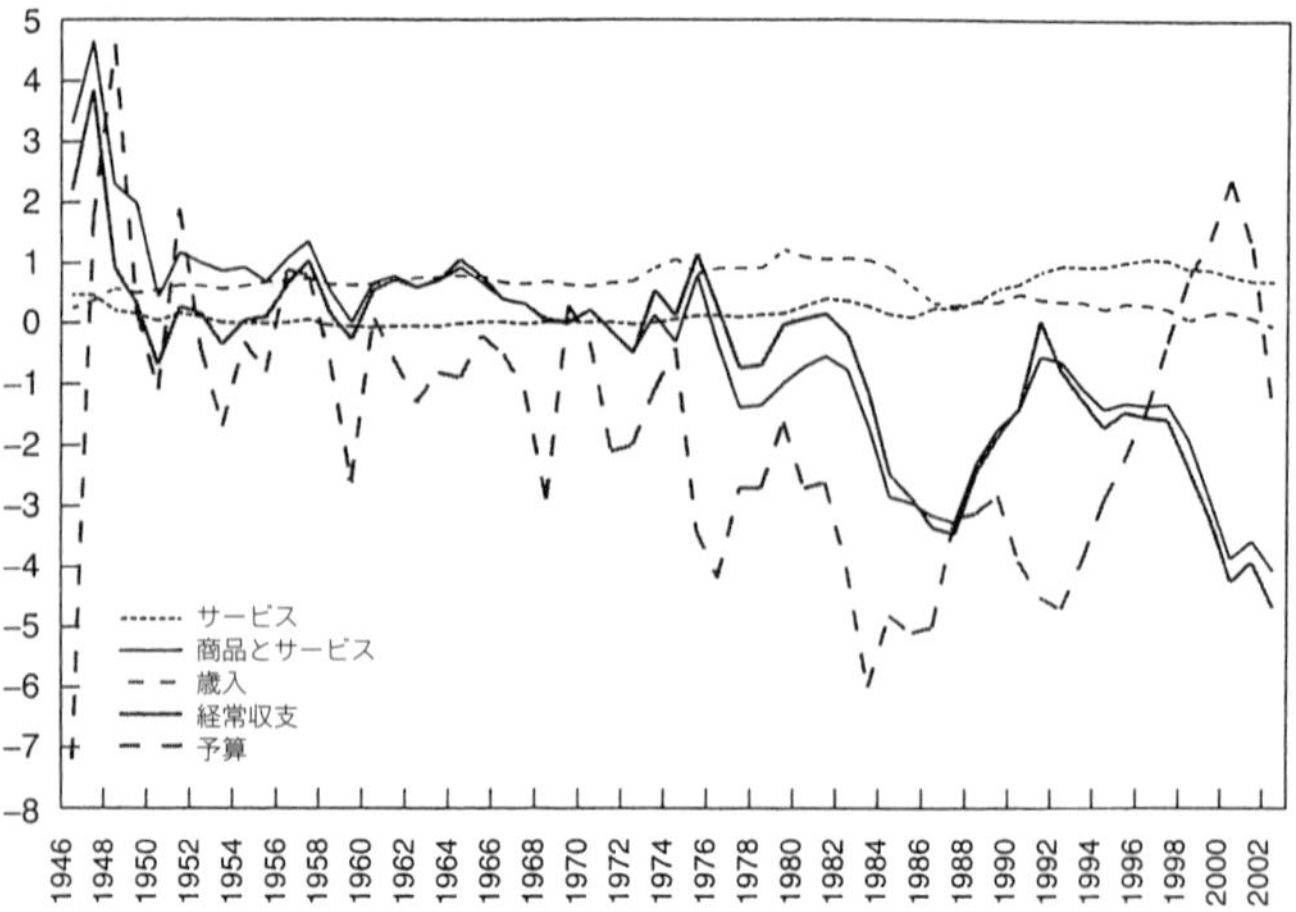

図３　1946–2002年のアメリカの予算額と経常収支のバランス（対GDP比）

はマキシム砲であり、アメリカの帝国主義はコカコーラかマクドナルドとなるわけだ。

人々がアメリカ製品を買い、とりわけアメリカ流のサービスやアメリカ文化を買うのは、彼らがそれらを必要とし、あるいは欲しがるからであり、しかもほかに優れた選択肢がないからだ。しかしアメリカ人がこうした相互関係を確実に続けたいと思うのなら、変化する好みや要求に対応する必要があるし、そうなればアメリカ文化には、まさにかつてのように、そうした市場、顧客、供給者の文化が浸透していくことになるだろう。明白で、しかもしばしば指摘されてきた現象だが、かつては一地方に限られていた料理が多様化し、世界に広まっていくのである。

この章では、一九九〇年代半ばに「アメリカの世紀」ともてはやされたものが、どのように生まれて発展したのかを、二つの面から考えてみたい。

一つは貿易ルールと金融ルールの相互関係である。もう一つは、世界経済の中でのアメリカの全体としての地位を検討すること、つまり、二十世紀半ばの巨額の貿易黒字（これは第二次世界大戦時にアメリカ経済が生産を急増させたことによる）と巨額の資本流出から、貿易赤字と巨額の資本流入へと移行した姿である。この動きは長期的に見ればほとんど着実に進んできたが（図3参照）、それでもいくつかの時期を見ると特に目立つ点があり、劇的な政治的緊張が表面化しているのである。すなわち一九六〇年代後半、一九八〇年代半ば、そして二〇〇〇年以降である。これらの摩擦が見られた時期はいずれも、外交方針と戦略の議論が経済及び金融政策をめぐる衝突と結びついているのが特徴である。つまり、ベトナム戦争、ミサイル配備と戦略的防衛計画をめぐる分裂、そしてテロとの戦いとイラク戦争への対応である。

I

金融と貿易のルールづくり

ルールはさまざまなかたちになり得るし、異なるルールの間のバランスも変わる可能性がある。[84]

第二次世界大戦後の世界経済は、ルールと複雑な機構づくりを組み合わせながら再建された。二つの重要な領域（金融と貿易）でのルールづくりは、正反対の方向へ進んだ。戦間時、国際的な協力関係をめぐる各国の議論はつまずいたが、これは貿易交渉をする人間が関税障壁の緩和と規制の撤廃は望ましいと考えながら、安定した金融システムがつくられるまでは、議論の焦点が定まらなかったからだ。安定した金融システムがなければ、悪性デフレの流出を防ぐ貿易制限も、次善の方策として望ましいとされたからである。これに対して、金融問題の議論がつまずいたのは、同意に達する気持ちがなかったからで、その間に保護貿易の悪性スパイラル現象が依然として進んでいたのだ。第二次世界大戦中、アメリカが明らかにしたのは貿易自由化で妥協の余地はない点で、戦後の平和にはまずこれが前提となることを主張し、その結果、外交交渉はすべて金融秩序の枠組みをつくることに集中した（これがブレトン・ウッズでおこなわれたものである）。もちろんブレトン・ウッズ会議は国際機構をつくり――世界銀行とIMFである――金融秩序維持の柱としたが、第三の柱である国際貿易機構（ITO）は戦後にまで持ち越され、実際に実現するのはようやく一九九〇年代に入ってからだった。

変化したIMFの役割

こうしたルールに基づく金融秩序は、一九六八年から七三年の間に段階的に崩れていく。一九六八年をブレトン・ウッズ体制の終わりだと考える向きもあって、それはロンドンの金プールの崩壊と、固定したドル建ての金価格を維持しようとする中央銀行の試みが、この体制の中心にある価値を失う結果となったからだ。一九七一年、アメリカ・ドルの金平価が切り下げられたが、政策担当者は新しい平価体系を探る動きをしていた。一九七三年になってようやく明らかになったのは、そうした試みでは政治的決着が得られない点だった。それ以後、ＩＭＦの機能は大きく変化し、金融問題に関わる確固たる法的機関ではなくなる。その代わりにＩＭＦの主要な仕事は、新たに活性化した金融市場に取り残された失敗を補塡《ほてん》するものとなった。つまり実際には、危機回避に多大の力を尽くし、豊富な経験を危機の解決に使うことだった。

アメリカ側で徐々に出てきたのは、国際的な金融協力の試みは意味がなく、逆効果になるとの見解だった。ブレトン・ウッズ体制と同じく、彼らは金融政策は次善の方法に留めたので、それが思いがけない結果を招くことになる。こうして一九七八年のボン・サミット、あるいは一九八五年から八七年の適切な為替レートをめぐる交渉と合意らしきものは、為替レートをめぐる交渉は不可能だと一般的にはみなされたのである。一九八〇年以降のアメリカ側の動きを示すモットーは、為替レートは市場が決定するというものだった。

ＧＡＴＴからＷＴＯへ

第二次世界大戦後の時代には貿易は大きく拡大したが、これは繁栄を増す上で重要な要素である。そして貿易は組織的な規制を受けることになる。ＧＡＴＴは双方向の合意を原則として、一九六〇年代のケネディ・ラウンドでは全般的な関税の引き下げをもたらし、その結果、一九九五年にはWTOとして完全な機構化がおこなわれた。こうしてルールに基づく秩序がつくられていく過程で、この分野ではアメリカがルールを受け入れる姿勢を見せたことに、多くの人は驚きを隠せなかった。貿易開放をめぐる物語はサスペンス・ドラマに似ており、ほとんどページをめくるたびに新しい展開が出てくるのである。GATTは妥協の産物だった。これが大成功を収めたのは一九六〇年代で、もっとも議論の分かれる貿易商品である繊維製品と農産物のいくつかを排除して、扱う範囲を狭めるという犠牲を主に払っての成功だった。一九七〇年代になると、ブレトン・ウッズの平価体制が崩壊したあとのため、GATTは瀕死の状態にあるとの見解がほとんどだった。また東京ラウンドはいたずらに長引いて、焦点の定まらないものだった。一九八〇年代半ば、専門家たちはGATTが「壊滅状態」にあると結論づけていた。すでに一九八二年の閣僚会議は失敗に終わっていた。ウルグアイ・ラウンドは、農産物の価格と補助金をめぐってアメリカとEUが政治的に複雑な戦いを繰り広げて身動きが取れず、失敗に終わると考えられていた。一九九三年、このラウンドの最後合意が形成される間際でも、GATT事務局が提出した文章には、「貿易関係に対する多角的交渉が弱まりつつあること」、「GATTには死が忍び寄りつつある」、そして「GATTの没落は各国政府の行動が積み重なって生まれたもの」[85]などの言葉が踊っていた。そこへ驚くべきことに、多角的交渉の原則を知的財産や貿易関連の投資にまで拡大し、同時に、より完璧な対立解決の枠組みをつくること、そしてWTOにおいて多角的交渉を制度化することが決められていく。当時、アメリカはこの新しい組織を無視し、代わりにスーパー三〇一条を適用して一方的に力を行使するのではないかと疑念を持つ人々がいた。ところが最初の規則がアメリカの立場とは反対だったのにもかかわらず、アメリカはこれを受け入れたのである。一九九八年には、財政サービスにおける同意は実現しないとして、誰もがその理由を挙げていた。ところがほとんど予想できなかったことに、最後の瞬間にそれが実現したのである。二〇〇四年には、アメリカはWTOのルールを受け入れて、貿易及び税に関する法律に大きな変更を加えている。それは最終的には外国販売業者規制による税の補助金制度の撤廃となったが、これはもともとWTOが違法だとしていたものである。そして反ダンピング法も廃止された。ルールは生きていたのである。

保護貿易と為替レート

グローバル化への不安が生まれ始めた頃は――十九世紀初頭――揺り戻しが始まり、結局それが移民の制限と保護貿易の高まりを生み出した。一九二〇年代及び三〇年代にほとんどの国で国家防衛問題が先決となると、世界は不況となり、安全も失われていく。悪い循環現象が起きて、外的な力は損失や災禍を招くとして非難され、保護貿易の動きが強まると、各国は不況に陥った。

大多数の国は二十世紀後半にはこの種の揺り戻しを避けることができたが、国民はやはり不安感を抱いていた。一八八〇年代と九〇年代にドイツが安い労働力を基盤に発展を遂げると、イギリスは脅威を感じたが、同じことは一九六〇年代及び七〇年代にアメリカが日本に脅威を抱いたこと、今日、中国にそれを感じていることと似ていると言えるだろう。雇用パターンの変化は、経済発展と変化に常について回るもので、テクノロジーよりもむしろ貿易のほうが、劣悪な労働環境をもたらすとして非難されることが多い。一九七〇年代初頭、続いて一九八〇年代には、アメリカの労働者と生産者は日本に雇用を失われると戦々恐々だった。そして確かに、もっとも熟練を要する労働、たとえば自動車産業では雇用が失われることもあったし、テレビのような家電製品はもはやアメリカで製造されることがなくなる。どちらの場合にも、雇用喪失の不安に対して当局は貿易制限を押しつけるのではなく、為替レートを変更してアメリカ製品を競争に耐えうるものにしようとした。まず一九七一年には金のドルによる換算をやめ、一九八五年にはプラザ合意によってドルの切り下げをおこなう。また金融及び為替レートに関わる政策では、こうした変更による痛みを吸収する案も出している。貿易への不満の焦点は金融世界へと移り、国際的な財政システムへの国際機構による規制が正当とは考えられなくなっていった。

貿易摩擦を抑えるために金融政策と為替レートの変更をおこなうのは、今日ではさらに難しくなっている。これはアメリカに製品を輸出している多くの国が、自国通貨のレートをドルに固定しているからである。各国政府は依然として「痛みを感じる」ために何らかの行動をすべきだと考え、事実手を打っていることを示そうとしている。ブッシュ政権と同じく、関税を利用しているのだが（二〇〇二年、鉄鋼の輸入にかけられたのと同じもの）、これはＷＴＯが無効の判断を示す可能性がある。このように各国は特に害をもたらすようなことをしていないのだが、有権者に対しては、国際的な取り決めや機構に手を縛られているのだと説明するのである。だがこの種の動きそのものが新たな揺り戻し、つまり国際的な機構への反発を招くことになるのだ。

貿易問題は実は、金融領域へ重点を移すことで処理されるのが普通である。世界はグローバル化の動きの中で国際的な調整を発展させてきたが、その方法はそうした調整を貿易部門では強硬に、金融部門で柔軟におこなうものだった。将来的には、調整に関わる問題を金融政策に押しつけることがさらに難しくなるだろう。というのも、アジア全体に広がった固定為替レートと、国際的な金融システムが弾力的な姿勢を示して、公的性格を失う面が大きいからである。こうした反動が明らかに見られるのは、二〇〇五年にアメリカの上院を通過したシューマー・グレアム法案で、これは中国が人民元を切り上げなければ、アメリカに輸入される中国製品すべてに二七・五パーセントの関税をかけるというものだった。こうして現在、金融問題は貿易にも波及しているのだ。だとすれば教訓は明らかであって、世界の貿易システムはやがてさらに弱体化する可能性が高いのである。

II

ブレトン・ウッズ以後

ブレトン・ウッズ体制以後の秩序は、ブレトン・ウッズ会議と同じような分裂となるのだろうか？　これはアメリカの経常収支の赤字は支えきれないと考える人々が根本的に恐れている点であり、アメリカが国際的な資本流入の四分の三以上（二〇〇二年では七五・五パーセント）[86]を引き受けている現状に不安を抱いているのだ。ここには大英帝国との明らかな違いがあって、大英帝国の柔軟性を大きく支えていたのは、十九世紀半ばから第一次世界大戦にかけて、長期にわたり、経常収支が黒字だった点にある。これに対して、十六世紀から十七世紀の黄金時代にスペイン帝国は常に赤字であり、貴金属の採取が財政を支えていた。そのため工業は衰退し、繁栄の基礎を失ったのである。ではアメリカはイギリスよりも、このスペインに似ているのだろうか？

アメリカの経常収支は長期にわたる結果である。一九四六年、経常収支の黒字はGDPの三・九パーセントで、製造業の貿易バランスは六六億九七〇〇万ドルの黒字、サービス産業（軍事部門を除く）のバランスは一〇億四三〇〇万ドルの黒字だった。アメリカはすでに世界経済にかなりの融資をおこなっており、アメリカ企業が世界中に投資をふくらませていくことで、次の三〇年間にはさらにこれが大きくなっていき、西欧及び日本の経済を変えたのである。そして一九四六年の実質投資額は五億六〇〇〇万ドルに達していた。一九七一年になると、国際的な金融システムが固定為替レート体制の崩壊を中心としてつくりあげられ（ブレトン・ウッズ）、経常収支は若干の赤字に転落して、GNPの〇・一パーセントとなり、製造業の貿易バランスは赤字（二三億二六〇〇万ドル）、サービス部門は若干の黒字、そしてそれまでの二〇年間に海外で積み上げられた投資資産からは巨額の利益が生まれていた（七二億七二〇〇万ドル）。一九八五年には、金融引き締め政策と財政赤字とが相俟ってドルを押し上げると、経常収支では一一八一億五五〇〇万ドルの赤字、つまりGDPの二・八パーセントの赤字を計上し、海外投資からの利益は大きく伸びた（二五七億二三〇〇万ドル）。この時点でアメリカは実質的な債務を負い、海外資本の大きな受け入れ先となるが、海外投資からの利益は一九九〇年代を通じてきわめて高いままであった。これは債務者としてのアメリカの地位がますます極端になったからだ。

一九八〇年代以降に進んだ支出バランスに関しては、相互に補完し合う二つの考え方があり、それによってこれが持続するかについても二つの見方ができる。第一は、アメリカ人にとって海外の資本が、そして海外にとってアメリカの資本が比較的魅力的に映ることの反映だとする考え方である。貿易赤字はアメリカ資本への要求が高いことで生まれたものだから、これが持続するかはこうした要求が続くかにかかっている。一九九〇年代の多くの時期には、資本流入をもたらしたのは主に民間部門であり、このもとになっている計算は、製造業の大きな発展がアメリカ経済の奇跡を起こしているというものだった。しかし経済において、奇跡が起こることは滅多にない。そして実は、ある現象を奇跡だと捉えることは、投機バブルが弾ける兆候だというのが普通なのである。

アジア貿易の台頭

二〇〇〇年以降、いわゆるITバブルの崩壊によって、こうした民間部門からの資本流入に代わって、中央銀行による資本買い取りが起こったが、その大部分は急速に発展するアジア諸国、とりわけ中国によるものだった。その動機となったのは、アジアの輸出業者の為替レートを下げておきたいとの欲求で、これによって輸出部門に雇用を創出したいと考えたからだ。というのも、沿岸部の華やかな都市には内陸部の貧困地帯や、生産性の低い地方から移住する人間が増えていたからである。またこれは外国直接投資（FDI）からの大量の資金流入がもたらした金融問題への対応でもあって、この投資は景気を煽るとともに、強固な発展と革新の動きに対応するものである。同時に、投機的な「ホット・マネー」、つまり短期資金の流入により、差し迫った通貨の切り上げから早急に利益を得ることをめざしていた。このやり方は西欧と日本が、ファシズムとの戦争ののちに起きた二十世紀半ばの崩壊から、自らを引き上げるために使った方法と同じだった。また価値の下がった通貨を使って労働者の賃金を国際競争力のあるものとし、これによって輸出攻勢に拍車をかける意図もあった(87)。

こうした二十一世紀初頭の動きは、アジア貿易ブロックとアメリカが手を組んで、低コストのアジア製品をアメリカの消費者に輸出するものと考えられるが、これによって両者は利益を得られる一方、さまざまなつけが第三の勢力に大きくのしかかることになる。ヨーロッパ経済は、ドルに対する柔軟な為替レートと硬直した域内市場を有しているが、コストの上昇は、ドルがユーロとそのほかのヨーロッパ通貨に対して切り下げられているからだと考えている。またアジアとアメリカの協調関係は、ヨーロッパの動向ではなく、パートナーがどのような反応を取るかによって緊張する可能性もある。両者とも今の関係を続ける強い意向は持っているが、同時にこの関係には脆弱なものが含まれている点に、どちらも大きな懸念を抱いているからだ。

アジア側はインフレ・リスクには弱く見えるが、これは大量のドルの流入に対して実質的になす術《すべ》がないからだ。その結果、膨大なドルの波が押し寄せてくれば資産価格のバブルが進み、特に不動産部門のバブルが激しくなるわけで、これは一九九〇年代半ばに大きな資本流入が韓国やタイに巻き起こしたものと同じである。そこでバリー・アイケングリーンのような識者たちは、一九六〇年代の西欧及び日本の経験とは対照的な姿を呈すると指摘する。すなわち、一九六〇年代の場合には、流入したドルは大部分が製造部門に向けられ、多国籍企業がこれまでにない企業風土を持ち込んだことで、インフラの整備にもあてられたからだ(88)。またこの一九六〇年代、つまりブレトン・ウッズ体制が最後を迎えていた時期でも、ヨーロッパはアメリカの政策が押しつけていたとされるインフレには不満をもらし始めていたし、それまでの輸出ブームの中心にあった戦後の取引形態に、急進的な労働運動が打撃を与えていた。一方、アジアの中央銀行も、ドル切り下げが起きれば、その後にはドルの外貨準備高がどれだけ消えるかに懸念を持ち始めていると言えるかも知れない。[89] けれども、これらの中央銀行がそうした損失を避けるために賢明な行動を取るのかは、現段階でははっきりしない。というのも、資産を分散化するとすれば、ドル売りに結びつき、その結果損失が確定するのは、ほとんど確実だからである。歴史的な教訓からわかるのは、アジアとアメリカとの間でブレトン・ウッズのような妥協の道を探ることになれば、それは一九六〇年代（これも長くは続かなかった）よりも遥かに短期のものになる可能性が高いことだ。また仮に長く続いたとしても、どちらの側もその弱さに気づかざるを得ないし、これが市場に絶えざる不安をもたらすことも認識せざるを得まい。

資本の移動先としてのアメリカ

見方を変えれば、アメリカには国民が大きな利益を得ているシステムを変える必要性はほとんどない。むしろリスクが大きいのは、大きく信頼が損なわれた結果、外資準備高がアメリカ・ドルからほかに移る点だろう。一九六〇年代には外貨準備として使える通貨はほかになかったが、その時期とは異なり、新たなミレニアムに入った今日では、ユーロがドルに代わることもできるし、アジア各国政府は積極的にアジア通貨に基づく証券市場の活性化に取り組んでいる。皮肉なことだが、中国との貿易赤字に対する懸念が、人民元の為替レート切り上げに政治的圧力をかけることに結びつけば、新たな金融秩序の破綻に至る可能性はきわめて高いのである。

ここで一つ奇妙な事実があって、これがおおかたのアナリストが考えるよりも、貿易赤字がさらに続く可能性を示している点だ。すなわち、アメリカ資産への外国人の利回り――アメリカが資金調達の際に払う価格――が、アメリカ人が外国製品を買うときの利回りよりもかなり低い点である。これが投資収入のバランスが驚くほど大きく跳ね上がる理由なのだ(90)。利回りの違いは海外投資家の計算違いによるものではなく、彼らが低い利回りの代わりに安全を買うという計算違いに基づくものなのである。資本の移動先としてアメリカが大きな魅力なのは、国内市場がほかに例を見ないほどしっかりしていること（これが財政の安定性をもたらす）と、アメリカの政治的地位や安全性が高いことによる。だからこそアメリカへの資金流入が世界的な安全への不安以降も（例の九月一一日以降）、依然として増加している理由と言えるかも知れない。こうした結論を見ると、世界の金融市場がますます政治的思惑によって動いていることがわかるのである。

したがって、貿易赤字に資金調達ができるアメリカの能力は、この国が高成長を続け、高い生産性を持つ経済があること、そして政治的、軍事的に安定していること、こうした認識が続いていることを基盤にしているのである。逆に、アメリカの安全が資本の絶えざる流入によっているとすれば、突然この動きが調整局面に入ると、大きな痛手を受けて、政治的に危険な状況に陥ると言える。

過剰消費理論

ところでこうした痛手は、アメリカの支出バランスの状況を考えると、明らかになるかも知れない。すなわち、この国の貯蓄と投資との関係である。投資意欲が高く、貯蓄が低い水準に留まる限り、この間のギャップは海外からの資金で埋めることになる。また低い貯蓄水準は、それだけ消費意欲が高いことの表れである。特にアメリカ以外の地域で一般に信じられていることとは逆に、これは根本的には、スポーツ多目的車のような衒示的消費に国民が埋没している結果とは言えない。[91]（ただし、こうした説を裏書きするような妙な統計もある。つまり、アメリカ人は今日、靴などよりも宝石への出費が多いというものだ）。[92] しかし、食料品や衣服への支出が近年大きく落ちているのも事実だし、住宅への支出はほぼ安定し、教育費や医療費の支出は大きく伸びてきている。大学に籍を置く経済学者の多くは（彼らは教育者としての興味を強く抱いている）、こうした傾向を人的資産への投資として位置づけたがるものだが、アメリカが引き続き革新的な能力を持っているのは、教育の質の高さによるのはおそらく事実だろう。また世界各地から高い教育を受けた人々を惹きつけることで、かなりの、あるいは少なくとも何らかの利益を受けているのも確かである。アメリカの大学で教育を受けた人間が海外に出て行くことが、ジョーゼフ・ナイの言う「ソフト・パワー」の重要な部分だからである。[93]

過剰消費理論のもう一つの要素は、財政問題と経常収支の関係を見るときに出てくるものだ。

軍事部門への政府の支出は一種の消費である。ベトナム戦争時代、レーガン政権の防衛力増強、二〇〇一年の後の軍事支出は、金融及び財政秩序の安定性をめぐる国際的議論では中心となるテーマだった。これら二つのどちらの場合も、増大する防衛費は国内の財政支出の増加と手を携えておこなわれてきた。たとえば偉大な社会をつくるとか、あるいはレーガン及びブッシュによる減税政策である。これはまるで、防衛や戦争への国内の支持を得るには、国内での安心感が必要だと言わんばかりのものだった。こうした状況をヨーロッパはどのように見ているか、それを特に示すのはド・ゴールのアメリカ批判であって、これは現在にも十分当てはまると考えられる。「アメリカは予算のバランスを保つことができていない。膨大な借金を垂れ流しにしているのだ。ドルが世界各地で指標通貨である以上、各国はこうしたドルのまずい管理で被害を被ることになる。これは受け入れられない。このようなことは続くはずがない」[94]。

しかしこの「続くはずがない」という議論は、債務を負える能力と、それが引き続く経済ダイナミズムを前提としていること、この二つの関係という問題を引き起こすことになる。十九世紀後半の開かれた資本市場の時代には、高成長を遂げる国々（たとえばアメリカやオーストラリア）への資金の流入は、きわめて長期にわたり維持されていた。

そこでこの持続性という問題は、工業化した世界の国々と比べて、本当に高い成長率が維持されているのかという問題となる。一九九〇年代の大部分を通じて、外国資本の流入は、平和による経済効果、健全な財政、技術革新のダイナミズムなどが理想的な環境を示しているという、海外の見方を反映したものだった。だが、二〇〇一年以降、こうした環境は明らかに悪化したのである。

成長の減速

成長速度を脅かしているのは軍事介入と、高齢化社会による社会保障費の増大から来る、長期に及ぶ財政問題である。この点でアメリカは（程度は極端にまで達していないが）、ヨーロッパや日本のように高齢化が進む工業国と共通の問題を抱えている。[95] 新たなミレニアムが始まった時代、財政状況の悪化は国を超えて共通の問題だった。二〇〇〇年の先進工業国経済における平均的な財政バランスは、まさにバランスの取れたものとなっていたが、二〇〇四年時点では、この数字は三・九パーセントの赤字に転落している。アメリカは二〇〇〇年時点で一・三パーセントの黒字だったが、これが四・九パーセントの赤字に転落したのだから、極端な変化と見えるかも知れないが、ドイツも一・三パーセントからマイナス三・九パーセント、フランスはマイナス一・四パーセントからマイナス三・四パーセント、そしてイタリアはマイナス〇・六パーセントからマイナス二・九パーセントであり、一方、日本は依然として高いレヴェルの赤字を示し、わずかに改善の兆候が見えるだけである（マイナス七・五パーセントからマイナス六・九パーセント）。[96] こうして見ると、財政問題はアメリカの成長と資本流入を支える能力に対し、長期的な脅威となることを示している（もちろんアメリカだけが財政的に苦境にあるわけではない）。

だが世界経済の状況をつくりあげているのがアメリカだけではないのは明らかだ。ほかの地域からの悪影響の可能性は、財政不安の高まりと、すでに述べた国際的な金融関係の破綻によって増すことになる。第二次世界大戦直後を振り返ってみると、ブレトン・ウッズは国際機構をつくって（ＩＭＦ）、外貨準備の管理をめざした。だが現在ではＩＭＦによる外貨準備における役割は小さいものがあり、第二次世界大戦前と同じく、これを大量に保有しているのは各国の中央銀行である。

一方これに対して、過去に起きた爆発的かつ世界に広がる負債危機は、部分的には先進工業国の金融及び財政政策を反映したものだった。一九八〇年代初頭、あるいは一九九〇年代半ばにおいて、世界の高金利が負債構造を変化させ、それまではほぼ安心できるレヴェルだった負債の維持が不可能となり、信用パニックを引き起こす原因となった。現代のシナリオによれば、アメリカだけでなくヨーロッパ諸国において、拡大財政政策の影響は長期的に見れば、実質的な金利上昇に結びつく可能性が高い。

アメリカの資産流出

こうした状況の下で、アメリカに対する要求が高まること――特にアジアの中央銀行が持つ大量の外貨準備高――は危険をはらむことになる。二〇〇四年初めの時点で、アジアの外貨準備高は世界の三分の二を超えており、日本はアメリカの有価証券（ほとんど財務省）で六五〇〇億ドルほどを持ち、中国も四二〇〇億ドルを抱えている。アジアへの資金の流れが続けば、二〇〇五年までにはアジアの主要な中央銀行は、ドル建ての外貨準備高で一兆八〇〇〇億ドルを超えることになる（全体の準備高は二兆四〇〇〇億程度）。アメリカ政府の負債のうち、二〇〇四年時点では三七・三パーセントが海外の保有だったが、これはド・ゴールがアメリカのドル政策を批判すべきと考えた一九六五年では、四・七パーセントだった。今日の危険はおそらく、こうした外貨準備高が政治の道具になっている点にあるのではないだろう（つまり、ド・ゴール流のドルを何かほかのもの、たとえばユーロに代えることではない）。こうした反アメリカ的な行為は、ある時点では政治的に魅力的に見えるかも知れないが、それをおこなう人間にとっては途方もなく高くつくものである。なぜならドルの資産価値をあっという間に、そして大幅に下げることになるからだ。問題はこうした外貨準備高が政治的理由よりも、むしろ経済的理由によって、永久に持ち続けることが不可能になる可能性が高いからだ。一九九〇年代に発展した自由な資本の流れは、資本移動に大きな変化と逆転をもたらしてきた。だとすれば、もし日本が、あるいはむしろ中国が、さらにはもっと高い可能性としてインドが（最近外貨準備高を急速に増加させている）、そうした準備高を使う必要を感じるとき、どのような問題が起きるだろうか？

実はこれは、国際的な金融システムの崩壊のつけが明らかになる領域なのかも知れない。一九九〇年代、連鎖的に起きた財政危機は、ＩＭＦのもとで結束した支援活動が取り扱ってきた。一九九〇年代の大きな資本危機には、それまでの危機と比べれば巨額の援助が含まれていたのだ。

一九九五年のメキシコは割り当て分の六八八パーセント、一九九七年から九八年の韓国は一九三九パーセント、二〇〇一年のアルゼンチンは八〇〇パーセント、そして二〇〇二年のトルコは一三三〇パーセントにのぼった。一九九〇年代以前では、各国の調整、改革を刺激するために巨額の融資をおこなう傾向は少なかった。金融資本危機の際に神経質となった市場を安定させることに力点が移ると、優先順位は逆転し、市場の期待を確保するために、投資家が国や通貨に反対の立場を取らずに成功する期待が持てるような支援を多く約束することに向かっていく。こうした役割は、各国経済の最後の頼みである中央銀行の役割に似ているもので、IMF初代の常務理事であるスタンリー・フィッシャーがこの図式を描いて議論を巻き起こした。[97] またこうした図式は軍事介入をめぐるコリン・パウエルの理念にも当てはめられることがある。つまり、軍事介入は強大にして圧倒的な兵力をもっておこなわれるときだけ、正当化できるというものだ。

一九九〇年代の巨額の緊急融資の結果については、激しい議論が生まれている。直後に出た批判はおそらく行き過ぎだったが、これがモラル・ハザードを引き起こすというものだった。たとえばミルトン・フリードマンの見解によれば、一九九五年のメキシコ支援は一九九七年のアジア危機を誘発したものであって、投資家がIMFの保証を得たからだというのだ。確かに投資家の計算に多少は役だったかも知れないが、彼らは基本的には「東アジアの奇跡」に取り憑かれていて、これに投資したのである。また、一九九〇年代後半の工業国における株式市場ブームの発展にも似たような面がある。すなわちこのうちのいくつかは、中央銀行（そして特に連邦準備法）がある程度市場を守ってくれるとの期待に動かされた面もあるが、大多数は「ニュー・エコノミー」のかけ声に突き動かされたものだった。

真の問題は支援活動の規模から生まれたものであって、これがＩＭＦの資金を悪化させるとの不安が生まれ、その結果、こうした活動は数多くの国に同時におこなってはならないとの考え方が出てくることになった。このようにますます活動が限定されていくと、ＩＭＦの全体としての方向に考え方の食い違いが生まれることになる。特にこの点がはっきり見えたのはアメリカの姿勢だった。ブッシュ政権で財務長官を務めたポール・オニールはたびたび「巨額の融資」の原則を批判し、その代わりに特定の場合には強くこの原則を支持したのだが、これにはほかのＧ７各国から政治的オポチュニズムだとの批判が寄せられた。

インドと中国が発展を続け、資本勘定の自由化に向かうならば、多くの、あるいはむしろ、大多数の新興市場を襲った資本移動の急激な逆転がくり返される可能性もある。資金の流入、投機的な国内のバブル、過剰な投資、そして急激な信用崩壊といった循環構造は、一九九〇年代の「アジアの奇跡」に見られるダイナミックなアジア経済の姿を特徴づけるものだったが、これが再びくり返される可能性があるのだ。高い成長——十九世紀のアメリカや、一九六〇年代以降の韓国で見られたもの——はかなりいびつなものとなり、急激な揺り戻しや信用危機の影響を受けやすいものである。だが、インドや中国が逆の方向に進むとすれば、その規模は一九九〇年代に世界が経験したものよりも遥かに大きなものとなり、世界の財政システムは一九四五年以降でもっとも脆弱となるかも知れない。アメリカは、こうした主体的な財政の変動から無縁でいることはできないだろう。歴史的に見れば、財政変動の時代にはグローバル化バランスを揺るがす傾向が見られたのである。

第5章

火星の勝利――戦争とグローバリズム

グローバル化への期待

「グローバル化」は常に人気があるとは限らず、振り子のように大きく揺れ動くように思える。後戻りの中にはグローバル化に内在する政治的、社会心理的要素から来るものもあるし、特に相対的な収入や富の変化が生み出す怒りもある。ギボンは次のような結論を述べている。「市民社会とは、少数の人間が富や名誉、そして知識で傑出しているのに対し、大多数の人間は忘れ去られ、無知で、貧困に見舞われている」(98)。不平等という社会問題は、ローマ社会を突き崩したイデオロギーを生み出したとギボンは考えていた。

二十世紀の終わりまでには、古代ローマは、十八世紀イギリスのギボンの分析とは大きくかけ離れたものと見えるようになっていた。これは、二十世紀後半が主としてグローバル化の勝利を目にしていたからだ。この勝利とともに、このシステムに内在する強さと弾力性を、大きな満足をもって受け止める態度が出てくる。ヨーゼフ・シュンペーターが示したような分析は、きわめて時代遅れのように受け止められ始めたのである(99)。二十世紀半ばの視点から見れば、彼は一方では自由な資本主義に基づく世界秩序が達成したものを賞賛していたが、他方では、不満や怒りが生まれて、それがこのシステムを崩壊させると予感していた。一九九〇年代に生まれた反グローバル化の動きは、確かに世界に広まった――戦闘的なほど熱狂した人々さえも認めていたように――が、それは知的に見れば一貫したものではなく、冗漫なものだった。理性的な反グローバリズムを唱える人々が主張したのは、より優れた、あるいはもっと公正なグローバル化で、資本主義の利益を求めるよりも、人類が手をつなぎ合うものだった。グローバル化賛成派にしても、あるいは反対派にしても、どちらも確信を抱いていたのはグローバルに統一された経済の安定性だったのである。

現代人がしがみついているのはいわば心地よい毛布であって、それは世界同時に大きな不況が起きたのはただの一度、そしてそれを生み出したのは、ほとんどほかに例を見ない原因が奇妙にも重なり合ったことにあるという考え方だった。つまり、第一次世界大戦が残したものと、賠償金及び戦時負債の財政処理。世界一の経済大国であるアメリカの混乱した銀行システム。そして依然として金属貨幣を求める世界において、金融政策が不手際だったことである。こうした状況はきわめて特異なものだから、もう二度と起こるはずはないと考えたのだ。だが歴史を振り返る人間は、それが間違いだと言うべきだった。

ボーダレス化が生み出す脅威

グローバル化の歴史を教えてくれる多くの資料を見れば、世界規模に発展した統合の動きが頓挫を来《きた》した例はいくつもあったし、それらは逆転して悲惨な結末をもたらしていた。近代のグローバル化の先例としてもっともよく知られているのは、十九世紀後半と二十世紀初頭に起きたもので、これは戦間期の世界恐慌で決定的な結末を見た。さらにさかのぼれば、こうした統合の時代はいくつもあった。ローマ帝国、十五世紀後半から十六世紀前半の経済の復活（ルネッサンスの経済的背景）、あるいは十八世紀にはテクノロジーの進歩とコミュニケーションの発達が、グローバルな帝国（イギリスとフランス）への道を開いた。

これら過去のグローバル化は、ほとんどすべて戦争とともに終わりを告げている。拙劣な政策が個々の国の経済をさまざまな方法で破滅させるのは事実だが、全体の組織が崩れるのは軍事衝突によるものだ。経済現象としてのグローバル化を支えているのは、国境を越えて物資や労働力、資本が移動することだが、安全への不安が生まれると、こうした移動すべてに対する懸念が高まっていく。貿易は輸入に頼る状況を生み出すかも知れず、それが戦略の弱さに結びついていく。農業保護を求める議論でもっとも古いのは、攻撃に備えて国家レヴェルで自給自足経済をつくるという考え方だった。労働力の移動は、スパイや破壊活動家の動きをカモフラージュするものともなる。したがって、たとえば第一次世界大戦時のイギリスは、ロンドンのレストランに多くのドイツ人が雇われていることでパニックに陥っている。最後に、資本のコントロールは、国家の安全という見地から正当化されることが多かった。政治を混乱させる一つの方法は、金融パニックを引き起こすことであり、資本の移動に制限を加えるのは、投機的な攻撃への免疫力を高めることになるかも知れないのである。

こうした過去の経験の中には、テロへの戦いが引き起こした経済秩序や経済統合への脅威と、明らかに同様のものがある。貿易、金融の流れ、労働力の移動などはすべて、九月一一日以後の世界では脆弱なものとなっている。つまりこの日以後、これまで多くの国に未曾有の経済成長を生み出してきたパッケージの部分すべて——人、物、資本の流れ——が、今は安全への脅威を明らかに含んでいるように見えるのだ。貧しい国、特にイスラム圏諸国からやってくる学生や観光客は、いわゆる「スリーパー」、つまり眠れるテロリストの可能性がある。あるいは西欧の自由主義、寛容性、市場経済唯一主義を体験することで、過激になる可能性もある。こうしてまもなく明らかになったのは、税関では船荷の検査がほとんどきちんとできないこと、そして爆発物やABC（原子［atomic］、生物［biological］、化学［chemical］）兵器までが簡単に密輸入されることだった。資本の自由な移動、複雑な銀行取引も、マネー・ロンダリングやテロリストの活動への資金提供に使うこともできるのである。

こうした領域はすべて、安全が脅かされている状況では、きちんと管理されるべきなのは当然だし、それは正しいことだと言わなければならない。ところがテロとの戦いを最優先するのにも危険がある。およそどのような管理であっても、ほかの理由で管理をしたいと考える人間が悪用する可能性があるのだ。たとえば、移民でも熟練労働者は「不公平な」競争の恩恵を受けるし、あまりに多くの物品が労働力の安い国々から持ち込まれる。あるいは資本の移動は社会を不安定にして、深刻な金融危機を各方面に生み出すからだ。そこでこうした安全問題をめぐって新たな議論が生まれた結果、特定の利益を守るための昔からの要求を、さらに一層強力に進める可能性が生まれることになった。つまり、あらゆる種類の保護主義者が突如として、国際貿易がもたらす害を語り始めたのである。
それではこれは、グローバル化の崩壊が再び起きていることなのか？　そして戦争とはたまたまこの現象に関係があるものなのか？

グローバル化を阻害するもの

戦争がグローバル化を突き崩すには、二つの大きな方法がある。一つは実に明確なもので（そして詳しい検討がなされてきたものだが）、戦争にかかる経費がもたらすものを広い意味で捉えればいいのである。つまり、非生産的な軍事行動にかかる費用、商業活動の崩壊、移民の停止、そして安全第一がもたらす資本移動の凍結である。第二は、武力衝突はそれがたとえ小規模であっても、そこから生じる新たな問題は国際的な不和を生み出し、それが国際関係のほかの分野にも影響を与える点だ。こうして見ると戦争は、経済力や政治力のグローバルな分配構造を危険に陥れるのである。

戦争が高くつき、「正常な商業活動」を妨げることは経済学の古典ではよく理解されている。実際、アメリカ独立戦争やフランス革命を経験した人々にとって、まさにこれは身にしみてわかることだった。アダム・スミスの『国富論』の第三編の終わりの部分では、次のような考察がなされている。「戦争や政治による普通の変化でも、商業だけから得られる富の源泉は容易に枯渇する[100]」。こうした破滅は、戦争が大規模で長引けば、あっという間に現実のものとなるのだ。

戦時経済のインフレとデフレ

近代の戦争では、ほとんど必ずそのあとに戦時経済のインフレ現象が続き、これに代わって激しいデフレ時代がやってくる。戦後のデフレをもたらすもっともはっきりしたメカニズムは、政府が利率に費やす金額が増加するためである。これを違った観点から考えてみると、戦時中には資本の破壊あるいは食いつぶしが起きて、これが新しい資本の高価格を生み出すのだ。実質の長期金利が上昇すると、平和時の投資はさらに高くなり、不況が起こる。これは、各国政府が戦前の為替レート・システムに戻そうとして、高騰した戦時需要によりつり上がったいびつな価格や賃金を調整すると、一層激しさを増す。

長期にわたるデフレ現象にはときとしてきわめて劇的な出来事が起きるものだが、そのほとんどすべてが戦後に起きていた。アメリカ独立戦争のあとには長期の経済不況が続き、新たに生まれた共和国であるアメリカの政治には、当初からあった反商業主義という偏った見方が強まっていく。ウィーン会議（一八一四―一五）でナポレオン戦争は終わりを告げたが、その後のヨーロッパはデフレ時代を迎え、その下では工業への投資は高価なものとなって、起業家の破産が相次いだ。イタリア、ドイツ、アメリカなどで一八六〇年代に起きた内戦（あるいは統一戦争）のあとには、これらの国々すべてが直後には投機的なバブルとなり、続いてこのバブルが弾けて（一八七三年以後）株価は暴落し、破産が相次いで投資は先細りとなった。第一次世界大戦のあとには短期間の再建ブームが一九一九年にあったが、続いて一九二〇年から二一年にかけて、主要な西欧諸国の経済は崩壊する。そして一〇年後には世界恐慌が起きる。(101) 戦争がもたらす金融不安のこうした典型は、第二次世界大戦後の時代にも依然としてはっきり見えるものである。韓国とヴェトナムはどちらもインフレの波を引き起こし、当初はこれが実質の利率を下げ、やがてこれを上げることになるが、それらも投資の増大と縮小に連動するものだった。

戦費調達がマクロ経済におよぼすもの

だが一九九一年の湾岸戦争はこのパターンに当てはまらない。つまり、インフレと実質利率の下落が同時に起きているのだ。このあとには短期の景気後退が続くが、これは政治アナリストの見解によれば、一九九二年の選挙でブッシュ（父）大統領が再選されたことへの不満と考えるのが普通である。一九九〇年代の戦争はきわめて小規模で戦費もかからず、そのためにマクロ経済への大きな影響はなかった。そしてこのことは二〇〇三年の時点でも当てはまる。仮に脅威があるとすれば、それは長期にわたる国内消費の伸びから生まれたもので、この点はほとんどの工業社会にも共通してみられるものだ（既述）。

ごく最近になって戦争の影響が変化している理由は明らかなものである。どの戦争も超大国にとっては、そのコストが二十世紀半ば以降、下がってきているからである。第二次世界大戦ではアメリカの戦費は四兆七〇〇〇億ドル、朝鮮は四〇〇〇億ドル、ヴェトナムは五七二〇億ドルだったが、一九九一年の湾岸戦争では八〇〇億ドル、二〇〇三年のイラク戦争では現在までのところ二〇〇億ドルをわずかに超える程度である[102]。だとすれば、戦争による財政負担だけに限れば、これは減ることが予想できるし、そのあとに来るデフレも小さなものとなるのではないか。

軍事行動の需給関係について仮にナイーブな見方をするだけならば、コストの低下は需要を増大させ、体制の変化に力を使う可能性が新たに生まれるだろう。戦費が少なくなり、軍人や市民の犠牲者が減っていけば、こうした可能性は高まっていく。二〇世紀後半に先進工業国が力を使う傾向が減っているのは、エドワード・ルトワクからジェレミー・ブラックまで多くの識者が指摘してきたことであり[103]、またこれはときとして、犠牲者数そのものよりも、それがもたらす大きな政治的衝撃に帰せられることもあるが、いずれにしてもこの傾向が永続的に続くとは考えにくい。フランス、イギリス、アメリカなどの国々は実際、驚くほどの犠牲者を出してきたし、世界の遠い地域で秩序を守る必要があれば、これに応えてきたのである。技術面ではっきりとした軍事的優位がある限り、道徳的にも政治的にも適切に力を行使する場合がかなり多くなっていくに違いない。

軍事衝突のコスト

アダム・スミスは十八世紀の戦争に関して、似たような指摘をしている。テクノロジーが関わると、先進国と後進国との戦争は先進国の戦費が減少し、戦争による財政面の負担を債務証書を売ることで広げる新たな方法が生まれて、戦争の可能性が高まったというのだ。「大きな帝国では、首都に住む人間と、戦場から離れた地方に住む人間の大多数は、戦争で不便を感じることは滅多にない。それどころか自国の海軍と陸軍が活躍する姿を新聞で読んで、気楽な気分で楽しむのである」(104)。

同じ結論はもう少しシニカルならざる見方からも得られるものだ。冷戦と超大国が緊張関係にあった時期には、戦争の抑止力となっていたのは、いざ戦争となれば戦費が途方もなく高くなるとの考え方が広くあったからだ。しかし冷戦時代が終わって以降、いくつかの国が解体するのに合わせて、国内の軋轢だけでなく国家間の衝突も増大してきた。そこでこれらに介入する必要性も出てきたのである。

識者の中にはすでに一足飛びに結論に達して、軍事衝突のコストを考えるだけでは間違いであり、特にイラク戦争後の経費の増大や政治的緊張も、こうしたもう一つの軋轢が存在する点を排除していると述べる向きもある。だがこの考えは間違いで、なぜなら同じような状況は再び起きる可能性が大いにあるからだ。国際社会は人権問題には敏感だし、悪質な政権が地域全体を不安定にする危険性にも敏感である。そしてこの二つの不安は現実にあるし、あえてつけ加えれば大いに可能性があるものだ。だとすればこうした不安は必然的に、予想された地域での軍事行動に結びつくこともあるし、予想外の場所で起きる可能性もあるだろう。さらに言えば、イラクの場合には、次々に新たな事態が起きたことで戦後処理が難しくなったのだとすれば、それをあらかじめ予想して注意を払っておくことも選択肢として可能なのである。

戦争はまたルールの正当性を疑うことにつながるが、このルールとは国際的にも、そして国内的にも、経済の相互関係を導く上で必須のものである。戦争はすべて大規模であれ、小規模であれ、新たな問題と分裂を生み出す。かつては安全保障への懸念から経済不安が生じることもあった。こうした中でももっとも明瞭なのは、戦争がもたらす財政面の遺産、つまり賠償金と戦時負債をめぐる議論から生まれるものである。事実、こうした議論が一九二〇年代の国際経済を蝕《むしば》んだのである（ケインズはこの点を『平和の経済的帰結』で予知していた）。現在ではこうした問題は、イラク戦争前のサダム・フセイン政権はどのような負債を背負っていたのか、もしそれがあるとすれば、これをどのようにしてイラク再建に役立てるかをめぐって、激しい議論を再燃させるものとなっている。

戦争に関して考える上で一つの伝統となっているのは（特に十九世紀後半の古典的グローバル化の時代におこなわれた小規模な戦争についてだが）、戦争の原因には経済問題があり、特にグローバル化時代に戦争となる原因は、地球規模の資源をできるだけ多く支配したい欲求だという点である。この点は歴史家や社会科学者には、帝国主義のホブソン・ヒルファーディング・レーニン解釈(105)として知られているものだ。これは戦争原因の説明としては大きく間違っているが、戦争への政治的反応を理解する上ではきわめて強力なものでもあろう。

こうした逆説が生まれるのは、グローバル化の時代がほかにも影響も与えているからだ。新しい富を創造するための新たな機会が増えることは、分配構造に大きな変化が生まれることを意味する。巨大企業は強力となったし、財産が大きく、しかも不正と思えるほど増えれば、怒りや一般大衆の反発も出てくる。現在、このような反発が世界的に広がり、アメリカ流の資本主義なるものを拒否する動きがあるが、歴史的に見ればこれにははっきりと先例があるのだ。ルネッサンス世界の普遍主義を批判したマルティン・ルターは、遠隔地及び外国との貿易を攻撃して次のように述べている。

だが外国貿易は、カルカッタやインドなどから高価な絹、金製品、スパイスなど――これらは贅沢を見せつけるためのもので、実際の役には立たないし、国や国民の財産を吸い上げてしまう――を運んでくるが、それはきちんとした政府と支配者がいる場合には、許されるものではない。(106)

ボストン・ティーパーティー事件の意味

十八世紀はフランス及びイギリスの東インド会社の活動が全盛期だった時代で、大陸を股にかけて貿易をおこない、まさに多くの面から見てもグローバル化の時代だった。そしてこれら東インド会社への反発は、こうした会社の活動がグローバルに広がり、地域によっては低賃金の労働力で生産をおこなっていたからだが、ここにはきわめて現代と似通った側面がある。アダム・スミスによれば、ベンガルでの東インド会社の活動は収入を減らし、広範囲に飢饉を巻き起こしたという[107]。そこには無数の会社が存在し、贅沢品をばらまいていたが、それらは不必要なものであり、多くのキリスト教聖職者は道徳的にも危険だと考えていた。スミスは結論としてこう述べている。「こうした独占企業は……あらゆる面で有害である。つまり、これが設立された国には多かれ少なかれ不利益をもたらすし、この企業によって支配された国の住民には、破壊的な打撃を与えるからだ[108]」。アメリカの歴史は、ある特定の会社への反グローバル化の抗議とともに始まったのであり、イギリスの王政に反発したものではなかった。ボストン港での茶の投棄は、税に対する抗議だけではなく、東インド会社の活動への抗議でもあったのだ。

一方、イギリスでは、東インド会社への批判は徐々に、当時「常軌を逸したもの」と呼ばれた現象へ向かっていった。すなわち、会社幹部への法外な報酬である。総督だったウォーレン・ヘイスティングズはイギリス政府による公開裁判で、最終的に訴追を受けている。一七七七年、その報酬は一万ポンドだったが、彼は同額を本国に送金していたし、一七七八年には四万五〇〇〇ポンドを本国に送金していた[109]。

これらと同じ議論は、十九世紀後半のグローバル化時代にもくり返されたが、このときは帝国主義戦争への批判と結びついていた。イギリスの自由主義者Ｊ・Ａ・ホブソンと、彼の主張が発展の歴史モデルにとって重要な新しい段階と考えたマルクス主義者たちは、頭の中では二十世紀の全面戦争ではなく、むしろグローバル化の波が高まる時代の特徴である、比較的短期の限定的な戦争を頭に描いていた。スペイン―アメリカ戦争（米西戦争、一八九八年）によって、アメリカはこうした国際的システムの仲間入りをする。この戦争は十九世紀初頭に起きた長期の戦争とは異なり、世界でもっとも速く大工業国へのし上がりつつある国と、退歩しつつあるヨーロッパの帝国とのきわめて不釣り合いな戦いだった。アメリカは二七万六〇〇〇人の兵士を動員したが、死者はわずかに三七九人だった。そしてまもなくこれに続いて、やはり不釣り合いな戦争が起きるが、それはイギリスによるボーア戦争だった。

ローマの帝国主義との違い

ホブソンがその帝国主義理論を組み立てたのは、まず南アフリカでのイギリスの行動をジャーナリスティックに解釈するものとしてだった。『マンチェスター・ガーディアン』に寄せた南アフリカからの報告は、帰国後、『南アフリカの戦争』と題して出版されたが、それはダイアモンドの独占をねらって、トランスヴァール共和国の政権を崩壊させた金融エリートへの批判だった。この有名な書物の冒頭でホブソンは、現代の帝国主義が古代ローマの帝国主義と比べて遥かに不安定である理由を説明する。つまり現代の帝国主義は各国が争う世界でナショナリズムが成長して生まれたものだが、一方、ローマの帝国主義は「国際主義の紛れもない要素を含んでいた」。「古代及び中世」における帝国のもととなった考え方は、一つの覇権のもとに各国が連邦をなすものであり、その勢力範囲は今日知られている世界全体に広がるもので、これはローマがいわゆる〈ローマの平和〉と呼んだものである[110]」。

ホブソンはまたきわめて慎重に帝国主義を、世界の未開地域に植民者が居留地をつくるものとは区別している。現代の帝国主義は商業的に見て価値がないが、それは帝国に「熱帯あるいは亜熱帯の地域を」加えることだから、「それでは貿易は小規模に留まり、不安定で発展がない」と言う。帝国主義は植民地主義とは異なり、「外交方針はより大きく複雑となり、権力はますます集中し、商業が盛んになって議会政府の力を酷使して消耗させることになる」。商人たちの一団は公共の財産を浪費し、「この大がかりな災禍をもたらす戦争ゲームは、国同士の対立を装っているが、実体などないものであって、それが人々の血と財産を奪っていく」。「南アフリカでおこなわれたボーア戦争は、金《きん》を自分のものとしたいと考えた山師が煽ったものだが、これはナショナリズムによる収奪の先例として歴史に残るだろう」。個人が財産権の原則を盾にとって、その原則を国境を越えた地域にまで及ぼし、国に対しては自分たちの利益を保護することを求めて、それが全体としての利益となるかなどは考えもしない。国境を越えた資本主義は「富裕層が自分たちの政治的支配が及ばない地域にもますます関与して、儲けを得ようとすることから生まれるものだ[111]」。

米西戦争もボーア戦争も、どちらも不釣り合いな戦いだったが、国内政治では激しい議論が交わされ、「土地の横領」だと解釈され、少ない資源を要求する行為だとみなされた。つまり、カリブ諸国から砂糖を奪い、（キンバリーからは）ダイアモンドを奪い、南アフリカからは金《きん》を奪うものだったのである。当初、これらの戦争は選挙におけるナショナリズムの台頭を促し、一九〇〇年のイギリスにおける「カーキ選挙」では、保守党と帝国主義者が大量得票を得たし、一八九八年の米西戦争で英雄となったセオドア・ローズヴェルトの人気は大いに高まった。だがその後揺り戻しが起こり、批判勢力は、戦争と、少数の腐敗した商人や財政家が私腹を肥やすことが結びついたと指摘したのである。

イギリスにおいては、レオ・チョッツァ・マネーが財政の腐敗を非難したが、ホブソンはかなりはっきりと、悪いのは「投機」だと述べている。

この言葉の意味は、政治と私的ビジネスが「セシル」ローズ氏の経歴のように、分かちがたくしっかりと結びついていると、ますます不吉なものとなる。氏はケープ植民地の法律を利用して、デビアスのダイアモンド独占を支持して強めたが、一方、デビアスからは侵略の資金援助を受け、ケープ植民地の選挙区を腐敗させ、出版社を買い取って、戦争を進めようとし、その結果、北部への大きな「夢」を実現した。

帝国主義者はプロパガンダを展開し、「人間の残虐な支配欲を刺激して動かしたが、この支配欲とは文明人のどこにでも潜んでいるものである。そして物資を得たいという欲望で溢れた政策の追求は、少数の人間だけで既得権益を手にすることに向かい、これが共和国の旗印を奪い取ることになる」[112]。自由党はイギリス政治の偽善性を重大視したが、その偽善とはボーア人に対する人種差別を非難しながら、一方では、一九〇四年の労働法令によって、大量の中国人移民を南アフリカの開拓に向けることを奨励していた。こうして一九〇六年の選挙では、自由党が大勝利を収めることになる。またアメリカでも反帝国主義の動きは生まれていて、一八九六年の選挙で資金援助をしてマッキンリー大統領を当選させた財界に対し、反発の動きが出てくる。ローズヴェルト自身も、国家がもたらした利益の大部分を私物化していた「大富豪の犯罪行為」に非難の矢を向け始めていた。こうして一般大衆の目には、戦争と企業スキャンダルは手を携えるとの思いが強まっていたのである。

またこうした戦争は国際関係を大きく緊張させるものだった。ボーア戦争はイギリスとドイツの関係が壊れていく上で決定的な役割を果たしたが、それはドイツ皇帝が公にボーア人を支持したからである。これを見ると、小さな衝突が土台となってグローバルな規模の衝突へと発展していくことがわかるし、そうなれば、略奪品の分配をめぐる議論が国際関係をさらに悪化させていくのだ。またこうした戦争は、商業をめぐる対立――たとえば十九世紀後半のイギリスとドイツとの関係、あるいは二十世紀後半の日本とアメリカとの関係、さらに二十一世紀初頭の中国とアメリカとの関係――を、経済面のみならず、その中には政治や戦略の問題が含まれると見る傾向をつくり出すことになる。最近の例を挙げれば、たとえば「来るべき戦争」を予想するものとして、『日本との来るべき戦争』[113]（未訳）のような作品が生まれるのである。

これまで挙げてきた時期には、それぞれの側が商業のやり方を違った角度から見るようになっていることがわかり、その点が「グローバル化パラダイム」の「一つの世界」という見方とはかなり対立するものとなる。第一次世界大戦以前の例を続ければ、目立つ力を持ち始めたドイツは、イギリスが覇権を握る偽善的な「商業主義」に反旗を翻し始めていた。ドイツ人は自らをより英雄的で、より高貴な社会を持つ人間だとみなし、そこでは「貿易商人」よりも「英雄」が中心となっていた。このような区別を発展させた人間、たとえば特に目立つのは経済学者のヴェルナー・ゾンバルトだが、彼はドイツ人商人もこの英雄的特質を分かち持っているとまで述べ、その理由として、彼らはさまざまなやり方で商業活動をしているが、短期の利益を出すのは犠牲にしてまでも、共同体や国家に長期的な利益を出そうとするとしている。[114]このゾンバルトがつくりあげたさまざまな国家の異なる資本主義の美徳は、一世紀のちにも生き続けて、大陸ヨーロッパの思いやりある関係に基づく長期的なビジョンと、「アングロ・サクソン資本主義」の短期的で投機的かつ強欲な精神との対立として描かれていく。

資本主義と社会の病理

商業を優れた国のモデルと考えられるものに合わせるには、より強い規制が必要となる。ある特定の資本主義モデルを特定の社会観と合わせて見ようとすれば、極度に分裂した社会的病理が生まれることになるだろう。投機的な資本主義に対しては、古風なヨーロッパ流の批判があるが、その背後にあるものは反ユダヤ的なステレオタイプの考え方であることが多かった。最近では明らかにこれに似たものとして、市場資本主義の不公平さへの反発が、不公平な、あるいは不当な影響力を持つと考えられる人種的マイノリティ、または宗教的マイノリティに向けられていることがある。エイミー・チュアが最近出版したベストセラー・ドキュメントでは、「市場支配をする人種的マイノリティ」なるものへの反発が描かれている。すなわち、彼女によればこうしたマイノリティとは、アジアの多くの地域における中国人、南アフリカにおけるインド人、西アフリカにおけるレバノン人、かつてのソ連におけるユダヤ人である[115]。これらの場合、少数民族への攻撃、たとえば略奪や破壊行為などの結果としては、結局、貧困や経済の混乱だけに結びつくのだろう。激しい人種ナショナリズムは経済を極度に危うくする力であって、グローバル化パラダイムへの反発が生まれる時代を特徴づけるものなのである。

こうした反発の中で敵として標的になるのは、裕福で国際性を持ち、あるいは国の壁を越えるものであって、一種の帝国主義と結びつくものである。現代のグローバル化の中で生まれる政治的緊張は、各国の資本主義モデルを対比する議論の復活と結びついていき、「アングロ・サクソン・モデル」への懐疑的見方が新たなかたちで復活する動きと軌を一にしている。そしてこうした新しい空気が、より広い経済面、政治面での不安と結びつくこともあるのだ。

アジアにおいては、高い信頼とは、緊密な友情や縁故で結びつく企業の複雑なネットワークが生み出すものと考えられている。大きな信頼を得れば、長期計画を綿密に練ることもできたし、これによる利益は取引からすぐに生まれるものでもなかった。こうしたビジネス・スタイルは一九九〇年代初頭、「アジアの奇跡」の原動力としてもてはやされたし、一九九七年から九八年にかけては、「西欧の」エコノミストから「縁故資本主義」と揶揄された。それが再び魅力を取り戻し、伝統的な、そして長く続く反西欧のステレオタイプと混ざり合うようになった。また大陸ヨーロッパの人々は、長期にわたるステークホルダー資本主義を擁護したかったのである。

部分的にはこのような新たなヨーロッパの感覚が生まれたのは、グローバルな競争社会の時代において小企業が生き残れるかの懸念があるからだ。また一方では、ヨーロッパの人間はもともと福祉国家の崩壊と、高齢化社会及び少子化がもたらすコストにも不安を抱いているからである。その結果、秩序を守らなければという守りの姿勢が出てくるし、同時に外部世界の敵対的な考え方や、そのエトスに屈服せざるを得なくなる。こうしてエンロンが反グローバリズムの動きを結集する合い言葉となったのだ。ヨーロッパの企業人は、かつてはアメリカ流の資本主義、あるいは「株主優先」を擁護し、トマス・ミドルホフやロン・ソマー、ジャン＝マリー・メシエなどがその代表だったが、それが無能だとか、腐敗している（言うまでもなく多くの場合、これは事実だった）などの酷評を受ける結果となった。ヨーロッパの経営者は高額の役員報酬に同意したとして、公判にかけられたのである。

ここで大事な点として銘記しておくべきなのは、国内で傑出した反グローバル資本主義の新たなかたちをつくろうとしたことは、アメリカの資本主義がルールを曲げていると考えて、単にこれに反発したからではない点だ。アメリカにおいても、いわゆる「帝国主義的なＣＥＯ」の裁判がおこなわれており、その中にはバーニー・エバーズのように、自分たちが率いていた会社に関しては何も知らないと否定した人物もいるが、いずれにしてもこうした裁判は、さらに「アメリカ流の」企業運営を追求することへの転換点となった。アメリカ国内で規制への関心が高まっている――二〇〇二年のサーベンズ・オクスリー法がこれをはっきりと示している――ことは、こうした反発の一環だと言えよう。だがほかの面でも見られることだが、アメリカはここでも先頭を切って、新たな方法を普遍化しようとしており、そのため、ほかの国の企業もアメリカ国内でビジネスを進めたいとすれば、新しいアメリカの規制策を受け入れざるを得ないのである。

大戦争とは、世界を分断し貧困に導く巨大な災禍であるのは言うまでもない。本章での分析は、小規模ないしは限定的な戦争（ボーア戦争や二〇〇三年のイラク戦争）も、やはり破壊的な影響をもたらす点を明らかにすることだった。そしてこの分析の結論としては、グローバル化時代の戦争が、ビジネス構造やビジネス機会の変化と同一視されることが多いという点である。安全保障問題が主要なテーマとなるとき、企業は国家の利益と歩調を合わせるように見えることになる。同時に、経済力が集中すれば批判を招き、強力な企業への反発は帝国主義への攻撃と並行して起こるのである。

第6章

テルミヌス——周縁を越えて

辺境へのまなざし

さまざまな帝国の衰亡史には、中心部での緊張の高まりと周縁部での絶えざる腐敗が描かれている。エドワード・ギボンの長大な歴史で大きな転機となるのは、背教者ユリアヌス、ローマの歴史上の人物で、ギボンが高く賞賛したこの皇帝が死去してまもなく起こる出来事である。ユリアヌスの後継者はひ弱で短命に終わった皇帝ヨウィヌスで、彼は都市ニシビスとローマの五つの地方をペルシャ人に引き渡す条件で、和平条約を結んだ。ヨウィヌスにしてみれば、この屈辱的な条約を廃棄することもできただろうが、彼は忠実にこの条約に従った。ギボンによれば、次のようになる。

平和条約を承諾したのと同じ動機が、今度はその条約の遵守へと向かわせた。彼は少数の地方を犠牲にしてでも帝国を守りたいとの思いが強く、宗教と名誉の美名で自らの不安と野心を隠した。……ヨウィヌスの前任者たちも遠くにあって無益な地方を放棄したいと思ったこともある。だがこの年の建設以降、共和国の国境を守るローマの神テルミヌスは、勝ち誇る敵の刃《やいば》の前から退くことはかつてなかった。(116)

ユリアヌスのあと、ローマの撤退は始まっていたのである。

ギボンにとって（北アメリカやインドのことを彼は考えていた）帝国では辺境がきわめて弱いことは明らかだったが、一方まさに現代世界では（急速なコミュニケーション手段の発達とともに）、辺境は至る所にある。だとすれば、古代との比較がどれほど魅力的であろうと、帝国といった古い言葉を持ち出すのがまったくの時代遅れである理由はここにあるのだ。しかし同時に、帝国に関する昔からの議論、特にどのようにすれば繁栄と市場を「蛮族」から守れるかは、依然としてかなり現実性のあるものなのである。本章では、過去の帝国を拡張させる原動力であった辺境の力を見た上で、現代に目を向けることにしたい。

帝国は辺境で起きることに過敏な反応をするものだ。辺境が帝国の外縁であり、この限界部分が悩みの種なのである。ローマは「際限なき支配権」などないことを強く意識していた(117)。果てしない拡張は帝国にとって典型的な罠となる。つまり、遠く離れた地においても、ローマの威信であるテルミヌスを守らなければならないからだ。そして辺境で敗北すれば、それは帝国の支配基盤への挑戦と映ることになる。帝国の名目上の費用対効果では、辺境の防衛から直接利益があがることはほとんどない。僻遠の地にあって、住民は少なく貧しいからだ（そうでなければ中心となっていたはずで、そのときには別の周辺地や辺境を抱えることになる）。一方、辺境からの利益が出るのは、そこが全体の防衛にとって意味があるからだ。帝国の支配者たちは頭の中でドミノゲームを思い浮かべ、小さな崩壊が一度起これば、衰退と分裂の流れが加速すると考える。ではこの考えは現実を反映しているのか、あるいは自ら招いた幻想なのか、それともジャック・スナイダーの言う

「帝国の神話」[118]なのか？　支配者たちは帝国の一部を心配し、そこから帝国全体が完全に崩れると考える必要があるのか？

植民地建設

こうした考え方が出るのは、帝国の背中には途方もない量の感情やレトリックという荷物が覆い被さるからで、これらは帝国が生まれるときの状況を反映するものなのである。未熟な経済というドライバーが帝国主義へ連れていってくれるのではない。帝国のバランス・シートは、友人たちと敵のバランスが大きく歪んでいることに影響を受けるから、そこにあるのはいささか未熟な「あれかこれか」の分析であって、この分析は単純な政治論として示されるのが普通である。帝国の友人は帝国建設を文明をもたらすものと考え、これによってすべての人間に、植民者も被植民者も含めて恩恵がもたらされると考える。帝国は平和と法による支配、繁栄をもたらす手段なのだ。イギリスのジャーナリストであるW・T・スティードはセシル・ローズを賞賛して、彼こそ「人類の進歩の流れを向上させるため」イギリスが果たすべき使命の説明に、神の手で運命づけられた人物だと述べている。またカーゾン卿は、「大英帝国は神のもとで、善をおこなうべくつくられた最大の道具」だと述べたし、スマッツ将軍は大英帝国が「人間の自由を組織するシステムの中で、人類史上もっとも広範囲にわたるもの」と考えていた。フランスのエコノミストであるポール・ルロイ・ボーリューは、植民地建設の目的は「最善の繁栄と進歩の状態で新しい社会をつくること」だと説明し、植民地をつくりあげるプロセスは「優れた人間が劣った人間を一時的に教育することでしかない」と述べていた[119]。

これに対し、リベラルな伝統はヨーロッパの帝国主義を古典的なアメリカの観点から見るもので、その起源は明らかに一七七六年の状況から生まれるものだが、こちらは植民者にとっても被植民者にとっても、帝国の恩恵に関しては懐疑的である。こうした見方をする人々にとって、帝国主義に支配されるのは強欲な帝国の犠牲者だけに留まるものではなく、また帝国が形成されるプロセスとは権力と利益への欲求であり、それが動機を組織的に歪め、機能不全に陥らせると批判する。帝国主義者は短期的な見通ししか持たず、その中で搾取できるものを探すから、これが犠牲者に損害を与える。しかも同時に、帝国主義者が積み上げる富は独占となるから、この独占形態が揺るげば、不安定なものとなっていく。ヘーゲルの言う有名な主従の弁証法では、奴隷制度は主人が強制するものだけでなく、主人そのものも非人間的にするが、これを経済に当てはめると、今述べたようなものになるのだ。リベラルな人間にとっては、既得権益は帝国主義支配の維持に基づく力をつくり出すが、そこには弱点が内在していることになる。

帝国主義の弁護論もリベラルな批判も、その極端な議論では、帝国主義支配の古典的な姿の捉え方を示してはいない。つまり、帝国には中心があり、強力にして理性的な経済論理を有しているのだが、そこから帝国の覇権は恩恵を受け取り、しかも中心のまわりにはさまざまな段階の有用性があるのだ。だとすれば、辺境は経済的観点から見れば無用なものだが、しかし政治的、心理的観点からすれば重要なのである。

帝国の誕生

帝国は、全世界をよくするとの一貫した願いから生まれるのではなく、状況によって誕生するのが普通である。たいていの場合、偶然現在の状況を守る必要に迫られて生まれるもので、さらに拡張することで十分な安全が得られることになる。貿易商人が国境を越えていくと、その行動が隣接する地域に不安をもたらし、伝統的な支配形態が崩壊して無法状態となると、新たな帝国の介入を招くことになる。[120]その結果、帝国の全体としての費用対効果のバランスシートは、帝国主義者にとっても、植民地化された側にとっても、悪いように見える（ただし、もちろん権力や富、名誉を持っている特定の集団に帝国の後押しがあれば、必ずしも悪くはならない）。

ヨーロッパの大帝国は概して、帝国主義初期の時代（この時期に最初の、というより十八世紀イギリスの帝国が誕生し、やがてその一部は崩壊する）に経済的利益を得たのと比べれば、領土の拡張からはほとんど得るものがなかった。しかも帝国はやがてリベラルな側からの批判を大きく受けることになる。アダム・スミス及び、のちのジョン・ブライトやリチャード・コブデンといった、要するに尊敬すべきイギリスのリベラル派は、帝国批判を積み重ねていった。一八五二年のビルマ戦争後、コブデンは次のような激しい批判を述べている。「あの優れた道徳律が不思議なことに個人の運命のみならず、帝国の運命を揺さぶっているのだが、そこでは仮に残忍な行為、ごまかしや不正をおこなうにしても、それらは永続的な富と利益を伴うものでなければならないとされているはずである。だとすればこの戦争はそうした考え方とは矛盾しているのだ」[121]。

こうしたリベラル派による批判は、全体として経済的、財政的な利益が出れば構わないことになる。十八世紀後半、イギリスの輸出量はおそらくＧＮＰの一〇パーセントほどだが、そのうち非ヨーロッパの「辺境」に輸出されたのは半分以下だった。植民地及び半植民地貿易の利益は、産業革命期全体の投資のわずか一五パーセントをまかなう程度だったに違いない[122]。

ところが帝国に関する議論では、一八七〇年代に変化が起きる。部分的にはこれは、大陸ヨーロッパとアメリカが新たに工業化され、イギリスのビジネスが新しい市場を探す必要が出てきたことの反映だった。帝国は明らかに経済的な魅力を持ち始めたのである。イギリスの貿易はグローバル経済から離れ始め、自ら支配可能な帝国主義のネットワークへ向かうことになる。一八七〇年から九〇年の間に、イギリスのヨーロッパ及びアメリカ向け輸出は金額にして一九パーセント下落し、一方、白人植民地への輸出は一七パーセントの上昇、熱帯の南アフリカとアジアへの輸出は三八パーセントの上昇となった。一八六〇年代にはイギリスの貿易の三六パーセントが大英帝国内部だったが、一八八〇年代にはこれが四七パーセントに上昇し、一九二〇年代の終わりまでには五九パーセントに達する[123]。したがって帝国は、グローバルな環境での失敗の慰謝料となったのである。いわば輝く商品ではなく、木製のスプーンが与えられたことになる。

これは部分的には、イギリスにとって帝国という概念が、国際的な体系の中で影響力を失っていることの反映だと言える。というのも、統一されたドイツは大国となって、軍事的に手強《てごわ》い脅威となっているし、ロシアの近代化は帝政に同じ道を辿らせることが予想されたからである。ヴィクトリア女王はペルシャの大臣がメモに残した文章を読み、ヨーロッパの出来事をアジアがどのように解釈しているかに心を動かされた。すなわちそれによれば、フランス皇帝は「王の中の王」となるために、クリミア戦争でロシア皇帝と戦ったし、ドイツ皇帝はフランス皇帝を打ち倒して、その称号を奪おうとしたという[124]。イギリスはその力を誇示するために帝国の称号が必要だったので、一八七六年の王室称号法によってヴィクトリア女王は「インド皇帝」となったのである。

ベンジャミン・ディズレイリは一八七二年、クリスタル・パレスで演説をおこない、大英帝国を強く擁護したが、その冒頭で帝国の費用対効果を計算することから始めたのち、イギリス人の目を経済から道徳、政治へと向けようとしている。

われわれが植民地によって富を失ったことはわかっている。正確な数字によって、イングランドの王冠には、インドを保有することほど高価だった宝石はなかったこともすでに示されている。……［自由党は］すべてを財政面から見て、インドとの関係はこの国にとって負担だとみなしてさえいるが、国民を偉大なものとする道徳的かつ政治的側面はまったく無視し、人間を動物と区別する唯一の影響も無視している。……わたしの考えでは、この国の大臣の誰一人として、帝国の植民地をできる限り再建し、この土地に計り知れない力と幸福をもたらすことになる遠い地域の人々の共感に応える機会を放棄して、義務を怠る人間はいないと思うのである。[125]

おそらく長期的には、帝国は大きな富を生み出すだろうが、当面の満足を与えるのは物質的なものではなく、帝国を生み出すという精神的満足感であろう。

パクス・ブリタニカの世紀

帝国から利益を得たいと考えた人間は、帝国による介入には安全面で問題がない方法を示す必要があった。インドの安全が確保できたのは、ライヴァル関係にあった帝国システムを持つロシアに大きな圧力をかけて、北西部の不安的地域に押し戻すことができたからである。インドへの補給ルートの防衛にもエジプトの支配が必要であり、また喜望峰での戦略の要衝を抑えることと東アフリカの支配も必要だった。[126]

イギリスが帝国としてもっとも巨大になった時期、大英帝国をもっとも強く擁護したのはジョーゼフ・チェンバレンで、彼は明らかに古代のイメージを使いながら、「パクス・ブリタニカ」、「大英帝国の平和」という言葉を広めたのである。帝国は経済的失敗（あるいは、チェンバレンの考えによれば、ドイツとアメリカの国家によって保護された産業がもたらす不公平な競争）への対応である点を、きわめてはっきり認めたのは彼だった。一九〇三年一〇月七日、グリーンノックでの演説で、チェンバレンはイギリスの衰退という明らかな事実を嘆いて、こう述べている。「農業は……文字通り破壊されてきた。砂糖は消え、絹も消えた。鉄は脅かされ、毛織物も脅かされている。綿も消えるだろう！」約一年後、さらにこう述べている。「かつてこの国は……世界の工場であった。……もはやそうではない。……競争相手が国を大きくしてわれわれに追いつきつつある。……そうした国々こそ賢明なのであり、彼らは少し先を見て、困難が待っていることがわかって、それを乗り越えるのである」。チェンバレンにとっての解決策は、物質的利益を慎重に追い求めることではなく、むしろディズレイリと同じく、帝国主義の無形の側面を強調することだった。一九〇三年一一月四日、イギリスの製造業の中心であるバーミンガムで、彼はこう述べている。「結果的にこの国を、すでに豊かであるこの国をさらに少し豊かにできるかなど、ほとんど考えていない。……わたしが考えるのは、この国の国民がその偉大な使命の高みにまで登れるか……わが同胞と手を携えて海を渡り……一致協力して帝国を……人類の歴史上に現れたどの帝国よりも大きく、統一したものとして、よき実りを生み出すことができるかである」(127)。

フランスの場合にも同じように新たな方向が、一八七〇年代と八〇年代に発表されている。一八七四年、ポール・ルロイ＝ボーリューが『現代人にとっての植民地主義』の中で、植民地主義は市場と工業文明を広げ、「偉大なるもの」をつくりあげる基盤だと述べている。しかし植民地と文明は市場だけではつくれないので、国家が行動を起こす必要がある。フランス帝国（アルジェリアを除く）は、一八七〇年代後半及び八〇年代前半に出てきたイギリスの帝国観をほとんどそのまま反映したかたちでつくりあげられたが、それは一八七〇年から七一年にかけての普仏戦争で敗れた結果、その賠償金を支払うためにつくられたシステムであるのは明らかで、より広い視野に立って新たな力を探す試みだった。フランス共和国の英雄だったレオン・ガムベッタは、バルドー条約によってフランスがチュニジアを得たのち、大国としての地位を取り戻そうとしているのだと説明している。これが成功したのち、ジュール・フェリー内閣はアルザス、ロレーヌを失った代償として、インドシナに支配権を確立する。イギリスと同じく、海外の帝国は中心の力が弱まりつつあることの埋め合わせとなったのである。

二十世紀前半の戦間期にヨーロッパの帝国が弱体化していく時期になって、ようやくさまざまな帝国が旧世界の経済的欠陥を埋め合わせるものとして動き出す。イギリスとフランスは戦争が引き起こしたさまざまな問題の解決策として、植民地との貿易、植民地への投資を拡大していく。こうして植民地はそれまでに酷使されてきた宗主国の軍隊に人を送り込むと同時に、原料、市場を供給する役割を果たすのである。

植民地計画が最大限にまで進められたのはこの時期であって、宗主国及び帝国の臣民に悪影響が及んだのもこのときだった。もちろん帝国の初期には、ヨーロッパ流の統治の拡大がいくつかの恩恵をもたらしたと考えることもできる。たとえば法秩序は安定していったし、交通網の整備（運河、鉄道、電信、道路の改良）や、資本の投入、教育の向上もあった。しかしこうした効果も、強引な統治やひずみによって徐々に影が薄くなっていく。それらはあくまでも宗主国の意向に添った方向をめざすものだったからだ。特にその点が目立ったのはインドで、もちろんここは大英帝国の中核だった。エリック・ホブズボームはインドの特殊な状況を次のように指摘している。

第一に、ここは大英帝国の中で唯一、自由放任主義が適用されなかった場所だった。イギリスで熱狂的な自由放任主義を唱えていた連中は、この国にやってくると官僚的になり、もっとも強く植民地独自の政治運営を唱えていた連中が、イギリスによる統治の一掃など滅多に口にせず、やがてまじめに取り上げることもなくなったのだ。(128)

帝国主義の末期からポスト・コロニア主義へ

帝国の意向に添った経済運営がおこなわれた戦間時には、植民地の力と財産が世界市場よりも価格を押し上げ、帝国、植民地の双方が有利となるカルテルの様相を呈することになる。経済手段が、帝国から得られる安全を確実なものとするために使われたのである。やがてこの帝国を支配する側は、こうして歪められた貿易体制から得られるミクロ経済的な果実を、価格や生産のレヴェルを支配するマーケティング・ボードによって規制しようとする。価格規制や配給は、第二次世界大戦中の戦時動員という特殊な状況への対処を、あらかじめ試みたものと言えるかも知れないのだが、逆にこれは、計画や規制が優れた効果を発揮する例だと誤解されてしまったのである。特にポスト・コロニアル主義に立つ政策立案者は、新たな政治取引のためには価格を調整すべきだとの誤った結論を引き出してしまう。つまり、経済的に後退している生産者をさらに貧困に追い込み、逆に新しい独立国家の中核となる都市階層を富裕にしたのである。こうすることで新たな支配者も、植民地支配で効果的だったただ一つの方法を、そのまま温存していただけなのだ。言い換えれば、政治権力が集中していた力を持つ集団との妥協が、必須のことだったのである。そのため辺境に住む人々（貧しく弱い階層）は、強権的な手段をちらつかせることで押さえ込まれることになる。植民地支配の最後の段階と独立初期に見られた最悪の恐怖は、こうして地方に住む貧しい人々に襲いかかったのであり、その典型はケニアのマウマウ族の反乱が残虐なやり方で鎮圧されたことだろう。実際、この部族の人間はすべて強制収容所送りとされたのである。[129]

インド独立後、統治権は移ったが、植民地時代に使われた方法はそのまま生き残り、ソ連流の重工業部門の建設が促進された。これがインドの近代化を進め、地方の活性化につながると考えられたからだ。一方西アフリカでは、マーケティング・ボードが農民の希望を打ち砕いている。

このように見てくると、帝国主義の概念が二十世紀後半に大きな信用低下を招いたのも驚くにはあたるまい。けれども、そもそも帝国主義による解決を引き出したさまざまな問題や葛藤、たとえば辺境地域の不安定、支配圏や市場を安定させ、これらを拡大したいとの欲求などは依然として残っていた。そしてこうしたものが、帝国の遺産への反発と、逆にそれを賞賛する動きの両方を生み出しているのである。二〇〇〇年、リチャード・ハースが国務省の政策企画室長に就任する直前、次のように述べたことがある。すなわち、アメリカ人は「そのグローバルな役割を、伝統的な国民国家ではなく、帝国という角度から捉え直す」必要がある（ただしこれにつけ加えて、「帝国的な外交政策を帝国主義と混同してはならない」とも述べている）[130]。

周縁からの脅威

この点に関しては次のように考えるべきだろう。世界の大部分はグローバル経済によって、物や資金の流れで覆われており、労働力がさらに有効な資源の利用を促しているが、この領域の周囲には、「グローバル化」の動きがほとんど届かない地域があって、そこではグローバル化に激しく反対する考え方が育つ可能性もある。この非グローバルな地域は単に周囲を取り囲むだけではなく、グローバル化された中核部に入り込み、これを混乱させて、場合によっては破壊することもある。このような可能性が顕在化したのが二〇〇一年の九月一一日であって、もともとはサウジアラビアに駐留するアメリカ軍をめぐる議論だったものが、やがてエスカレートしてアフガニスタンの山岳地域に及び、そしてグローバル化した世界の中心――ニューヨークとワシントンに逆流してきたのである。

現在の脅威には三つの要素がからみ合って存在している。それらは新たに現れたものではないが、二〇〇一年以後、明らかになってきたのは、そうしたものが特に危険なかたちでからみ合う可能性があることだ。すなわち、一つはテロリストの存在で、彼らはテロをグローバルな政治及び経済秩序を揺さぶる道具として使おうとする。第二は大量破壊兵器（WMD）の存在。そして第三は、かなりの数の「失格国家」の存在で、これが無法地帯を生み出すのである。

テロリストの力が大きくなってきたのは、情報伝達の速度が進んだ結果である。テロの衝撃はすでに、一時代前のグローバル化の時期に明らかになっていた。すなわち十九世紀末には、アナーキストが個人テロ、暗殺に派手なかたちで関わり、フランス大統領サヂ・カルノー（一八九四年）、オーストリア皇后エリザベート（「シシィ」一八九八年）、イタリア国王ウンベルト一世（一九〇〇年）、アメリカ大統領マッキンリー（一九〇一年）などが暗殺されているし、あるいは象徴的な無法行為としては、一八九四年、世界統一時間表示システムの中心であるグリニッジ天文台（経度ゼロの地点にある）の爆破未遂もあった。こうした事件のショックは、それがすぐさまセンセーションを巻き起こす点にあるから、その意味では十九世紀後半のアナーキストによるテロと、今日の反アメリカあるいはイスラムのテロリストによるものとの間には、大きな違いはない。

インターネットの登場とそのほかのテクノロジーの発達により、ニュースは一瞬にして世界を駆け巡り、世論に迅速な影響を及ぼすことが可能になる。そしてこうした世論が政治に大きな影響を与えるのだ。特に自爆テロの原型となったのが一九八三年一〇月二三日におこなわれたもので、レバノンでの国際的な平和維持活動に携わっていた二四一人のアメリカ海兵隊員が死亡している。即座に声明を出したレーガン大統領は、アメリカはレバノンに重要な権益を有しているから引き上げることはしないと述べたが、その後の六ヶ月間に残りの海兵隊は「転属」され、アメリカは結果的に屈辱を味わうことになった。辺境地帯が重要だとしたことで、この攻撃はアメリカの弱点がどこなのかをはっきり示したのである。帝国が自らの拡張政策の理由として挙げるのは、権益よりもむしろ弱点の克服であることが普通なのだ。

帝国が攻撃に対して無防備なことは傷口を広げる発端でもあって、テロリストはこれを利用して新しい不吉な帝国を攻撃することもできる。新しいメディアが新種のプロパガンダに多くの情報を提供するのだ。アルジャジーラはアメリカないしはイギリスの帝国主義に協力した人質が処刑される残虐な場面を放映し、あっという間に悪名を轟かせることができる。古典的なテロリストのやり方は、すでに十九世紀後半にアナーキストが実践したもので、支配権力のもっとも圧制的な人間を攻撃するのではなく、弱い人間をターゲットにして、テロがどこでも攻撃できることを示すのであり、また人道的な善行さえも圧制を支持するものであることを示すのである。こうしてアメリカの軍事行動とイラク復興計画に対するイラクの反体制派のもっともめざましい示威行動では、アメリカ軍への攻撃よりも、長期にわたって支援活動をしてきた人間、たとえばアイルランド系イラク人マーガレット・ハッサンや、あるいは辛口のジャーナリストであるイタリア人のジュリアーナ・シグリーナが標的となる。

現代世界に広がる脅威の背後にある第二の要素は、新たなタイプの武器の出現で、これは比較的容易につくり出すことができる。十九世紀では、銃や爆弾の進化がまず国家を強くし、続いてこれらがアナーキストによる反抗の武器となった。現実主義の伝統に立てば、大量破壊兵器の存在は、国際関係における安定した力だと考えられることが多かった。つまり、限られた大国がそれらを手にすれば、それを武器として恐怖のバランスを築けるし、このことが国際社会の平和を守る手段となるわけだ[131]。だが冷戦後の世界では、こうした兵器が分散し始めている。国際的な体制を動かす上で、すでに役割を果たしている大国よりも、この体制を外側から変えたいと考える弱小国の武器となっている。したがって、日本、イタリア、ドイツなど、経済活動が盛んで技術面でも高い能力を発揮している国は、原子力兵器や化学兵器の開発に重点を置いていない。そうしたものを手にしても、得るものはないからだ。

一九九一年の湾岸戦争が無様な結末を見てのち、国際社会ののけ者となっているイラクは、大量破壊兵器の脅威を利用しようとするアウトサイダーに世界がどう対応するかのテストケースとなった。振り返ってみれば、イラクは生物化学兵器を所有し、国内の反体制勢力にこれを使うと広言していたのだが、実は一九九一年の敗戦後、すべてではないにしても、それら大量破壊兵器のほとんどを破棄したらしい。だがそのことは知られていなかったし、また知る手だてもなかった。そして二〇〇一年の九月一一日以後、イラクは今度は国際的体制のテストケースとなったのである。

拡散する核兵器

イラクが破壊力を持っていると考えることは、戦争を擁護する側にも、これを批判する側にとっても、議論の土台となるものだった。擁護派にとっては、二〇〇二年九月のアメリカの安全保障会議の文書が語っているように、抑止戦争の考え方の土台には増大する脅威への対応があった。一方、批判勢力には戦争に反対する現実的な、だが強力な考え方があった。すなわち、戦争は要するに危険きわまりないし、コストがかかり過ぎるというのだ。なぜならイラクは生物化学兵器という恐ろしい武器を使うと考えられるからだ。アメリカが主導権を握った武装解除のプロセスでは、現実的かつ恐るべき脅威の処理にあたっては、確実な方法を取ることが約束されていた。

これも振り返ってみれば、イラクへの攻撃を擁護する立場としては、大量破壊兵器がなかったこと、あるいは少なくともそれが容易には発見できなかったことは、大きな問題ではないと言えるかも知れない。これは相手の意図を判断することであって、だとすれば前もって判断するのは簡単ではないからだ。事態が悪い方向に進んでいれば、抑止行動の失敗はわかるが、抑止行動という事実だけでも、その行動の目的を実際よりもよく見せることは可能なのである。たとえばフランスとイギリスが一九三九年の春、チェコ侵攻直後のドイツを攻撃していたならば、簡単に勝利を収めていたかも知れないが、そうなれば何世代にもわたって、ドイツは同じ発言をくり返し続けて、ヒトラーは現実にはヨーロッパにとって脅威ではなかったと言うだろう。不幸なことだが、ある体制の危険性を十分に判断できるのは、大きなダメージが与えられたあとだけだというのは、しばしば真実なのである。

ここでもう一つ先例を挙げておこう。一九三〇年代にヒトラーとスターリンが軍事費と軍備を意図的に誇張して、仮想敵国に脅威を与え、敵対をやめさせようとしたことがある。一方サダム・フセインの場合、戦略はもっと手の込んだものだった。第一次湾岸戦争直後、フセインの演説が文書となって流れたが、そこでは秘密兵器工場の建設が書かれていた。またクリントン政権の圧力に反発して、アメリカの傀儡《かいらい》及び協力者に対し汎アラブ組織を結成して反抗することを呼びかけていた。さらに新たな戦いの先駆けとして、彼はアメリカ軍を「新しいモンゴル人」と呼び、玄関先で自殺させてやると豪語していた（二〇〇三年一月一七日）。戦闘が続いている間でさえも、国民に向かって手に入るものなら何でも使って戦えと呼びかけていたのだ。

こうした発言は意図的に曖昧にされていた。外国人の中には、これをレトリックの伝統が過激になっただけだとして無視する声もあった。だが彼の発言は明らかに計算されたものであり、国内及び外の世界に影響を及ぼす意図を持っていたのだ。新たな種類の恐怖のレトリックに当てはまるものだと言えるだろうか。イラク問題のアナリストたちは適切な行動は何かに関しては意見が分かれていたが、大量破壊兵器の問題があることを信じる点では一致していた。サダム・フセイン体制がこうした見解を煽ったのは、それが効果的（そして安上がりな）外交戦術になるからだった。自らの意図を違ったかたちで示すのには、きわめて大きな動機があったからだ。

このような道を取ったのはイラクだけではない。そもそもこれは、ソ連崩壊という思いがけない結末から誕生した方法である。西欧の国々と財政組織がなぜ独自の改革を押し進める勢力に惜しみない援助を与えたのか、これはもっとも議論の的になるものだが、実は危険な核兵器を安全にするためには唯一の現実的な方策だったのである。ロシアは一九九〇年代初頭の数年間、特別な存在として自らを誇示することに成功を収めていた。それは「核に頼りすぎるが故に失敗しない」国家だったからだ。同時に中国も激しい速度で発展していたが、依然として世界銀行の援助をもっとも受けていた国であり、世界の注目を浴びていた理由の多くは、その軍事力と支配圏を不安定化できる力にあった。

こうしたロシアと中国の例が数多くの模倣を生み出したのは、必然のことだった。インド及びパキスタンの両国で核兵器開発が加速化したのは、国際社会で発言権を持つには核の保有が前提条件と考えられたからだ。北朝鮮は経済の悪化で自暴自棄になっているが、この国が最初に核による恫喝をおこなったのは一九九四年で、かつてのソ連と同じ方法を使えば、外からの援助が期待できると考えてのことだった。さらにイランは、革命によって失われたものを取り戻すには大がかりな新規投資を必要としているのだが、ここも核開発計画を加速化している。

「悪の枢軸」という言葉は、核武装と経済開放との間の好ましからざる危険な関係が生み出したものである。イラクでは、アメリカとイギリスがはったりの犠牲となったが、それはこの両国が今日のイラクをつくりあげる手助けをした以上、一九九〇年代初頭から同じ穴の狢《むじな》ではないかという脅しによるものだった。というわけで、国際社会は脅しの言葉に屈することを余儀なくされていると考えられたのだ。

この点を考えると、冷戦終了後から変化しつつある国際的なバランスに対し、政治や国際機構の対応が明らかに失敗していることがわかる。現状では、核の脅しを阻止する組織的な手段はないのだ。安全保障問題は国際フォーラムで議論され、一方、経済援助はブレトン・ウッズ体制のもとで議論されるのだが、この体制は政治問題を取り上げないと非難されている。この二つの議論を結びつける論理はあるのかもしれないが、そのためには国際的なルールを根本的に変えなければなるまい。

「失格国家」がもたらす脅威

最後に、アフリカ、バルカン諸国、中央アジア、東南アジアの中には基本的な秩序を守る力のない国があり、そのためテロ活動の中心となったり、グローバル社会に不安定をもたらす要因となっている。つまり、相互に結びつく世界の危険な辺境となっているのだ。この場合には国がきちんとした力を持てず、その結果、犯罪と混乱が広がることになる。そして犯罪者たちはテロリストの活動を支えることになる。通常の市場経済は法の定めたルールがなければきちんと機能しないが、そのルールがない状況では、貧困と恐怖が社会の崩壊をさらに加速していくのである。ただし国家の失敗がすべてだというわけではない。なぜならイギリスやスペインのような先進工業国にしても、一九七〇年代にはそれぞれ北アイルランドやバスク地方の問題をきちんと解決できなかったからだ。だとすれば、国家の失敗とはある重要な地域の支配能力が欠如することに始まって、エチオピアやスーダンに見られるように、政府や権力の構造がほとんど全面的に崩壊することまで、広い範囲に及ぶものだと言えよう。「失格国家」という現代の現象は、十九世紀のアフリカやアジア世界と同一のものであって、この時代にあっては、不安定な辺境地帯が常に侵略の脅威をもたらした結果、帝国拡大の動きを正当化するものとなったのである。

「失格国家」が、グローバル化の進行とともにますます重要になっているわけではないが、国家間の相互依存が強まるとともに、そうした脅威がさらに大きくなっているのは事実である。「失格国家」現象を説明する上でもっとも説得力があるのは、過去五〇年間、つまり一九八〇年代後半と一九九〇年代前半に、ソ連が分裂して崩壊してからのち、国家の失敗の数がほとんど変わっていない点だろう。[132] 一九九〇年代の実に血なまぐさい内戦は、次の一〇年間の間に、ソマリア、アンゴラ、タジキスタンでは沈静化していった。国が繁栄の方向に向かえば、内戦や分裂の危機は減っていくが、この変化がすでに多くの地域で状況を改善している証拠はいくつもある。[133] にもかかわらず、依然として二十一世紀初頭の世界には「失格国家」が存在し、それらが脅威をもたらしているのである。

ある分析によれば、世界の七〇カ国にのぼる低所得国のうち、五〇カ国が「アメリカ及び世界の安全に脅威を与えている」という。[134] 内戦は隣国に波及するし、国家の失敗はほかの不安定要因と結びついて広がっていく。崩壊した国家の中には単に病気の中心地に過ぎないところもあるだろうが、ウィルスやバクテリアにしても広い範囲に蔓延して、大きな打撃を与える力を秘めている。これはしばしば議論となる点だが、国連の平和維持部隊は、多くの犠牲者を出してきたラオス、カンボジアから西アフリカに至るマラリア発生地域で、薬剤への耐性をつくり出した責任があるという。またほかの地域では、犯罪者たちが拠点をつくりあげ、そこから周辺地域を襲撃することもある。

現在の失格国家には数多くの要因があって、そのどれが大きな脅威なのかに関しては、大国の意見は分かれるだろう。ロシアはチェチェンが大きな脅威だと言うし、フランスは北アフリカの原理主義者が危険だと見る。アメリカはもちろんイラクである。そしてこれも明らかな点だが、どんな超大国であっても、失格国家すべてに軍事介入をすることなど無理なのである。

帝国の戦略

大国にとって決定的な意味を持つものを挙げるとすれば、すでに述べた十九世紀のメカニズムが浮かび上がることになる。つまり、辺境地域が帝国の戦略の中心として位置づけられ、何としてもこれを守るために、ほかの点は無視されるのだ。しばしば評論家が指摘してきたことだが、これが一九六〇年代のアメリカがヴェトナムにはまった罠だった。ヴェトナムに集中していたために、中国との外交関係を開く機会を逸してしまったのだ[135]。同じように戦略上どれを優先するかが歪められた例としては、一九七九年、イランの人質問題が大きな注目を浴びて、冷戦後の全般的な戦略が一方に偏った点を挙げることができる。その意味で、現在のアメリカがその力をもっぱらイラクの民主化と国家再建という不確実なものに集中しているのも、明らかに危険があると言えるだろう。だとすれば、アメリカ帝国の現在の動きは、全体として戦略上どこに焦点を当て、どのように一貫した方向へ進むべきかを歪めつつあるのではないか。

今日の世界において、辺境地域とはさらに曖昧さを増している概念だが、その原因は、急速なコミュニケーションと移動が可能になっている世界にあっては、どの地域も辺境としての性格をもっていると考えられるからだ。なるほど現在のアメリカは優れた軍事力を有している。そしてアメリカに続く一五カ国を合わせても、アメリカほど防衛に予算を費やしてはいない（二四カ国を合わせてもアメリカの予算に追いつかないとの説もある）。また世界中に軍事基地を持っており、二〇〇三年の時点では、一三〇カ国に七〇二の海外基地があるという。チャルマーズ・ジョンソンのような批評家によれば、世界に広がるアメリカの「足跡」は、大英帝国による支配と同じ役割を果たしているという。「アメリカ版の植民地とは、軍事基地にほかならない(136)」。こうした基地は、これを受け入れる国々の政治的、経済的構造に重要な役割を果たしているため、大部分のところでは歓迎されている。反アメリカ感情が高まっている世界にあって、アメリカびいきの感情を強く表明するのは、パナマ、フィリピン、ポーランドなどの国民であって、それらの国には重要なアメリカ軍基地があるからだ。危機的な状況が生じたとき、こうした基地は速やかにこれに介入するための基礎となっており、それを表現するとすれば、現代のベストセラーのタイトルである『食事をして、銃を放ち、そして立ち去る』（リン・トラス著。邦訳タイトル『パンクなパンダのパンクチュエーション』）と同じやり方をするわけだ[137]。ところがこれに対して、優れた政治秩序を築くために長期にわたって介入するのは、軍事基地は向いていないのである。

軍事力によって世界が全体としてどのように安定するか、この点がきわめてはっきり示されたのが二〇〇二年九月に出されたアメリカの安全保障戦略だった。それによれば、世界は基本的に平和を望んでいるが、これを損なう勢力も存在しており、彼らは自国以外の地域に高い代償を与えようとしているという。もし世界各国が自国の安全保障に多額の予算を費やす必要があるとすれば、その予算はむしろ人間の基本的要求を満たすために使われるべきで、たとえば病気の撲滅、インフラの整備、貧困の緩和などに向けられるほうが望ましい。だとすれば、脅威への対処という役割をアメリカが担うのも当然だろう。「アメリカは、敵によるアメリカ、同盟国、あるいは友好国への攻撃を——それが国家によるものであれ、それ以外によるものであれ——打ち破る力を持たなければならず、また持つことになるだろう。われわれは自らの義務を守り、自由を保護するために十分な力を持つことになる。わが国の力は強大であり、敵対する勢力がアメリカの力を上回り、あるいは同等のものとするために軍備拡張をおこなうことを、抑止するのに十分なものとなろう[138]」。

しかしながら、抑止のための介入が、政治的安定や向上に貢献する上で、満足のいく基盤となるかは必ずしも確かではあるまい。せいぜいのところ、大規模な監視活動が可能となるだけではないか。帝国支配が積極的な役割を果たせるとの議論が強調するのは、帝国が基本的な秩序、学力の向上、そして法による支配をもたらすという点である。だがこれらも逆の効果のほうが大きい場合もある。つまり、法を押しつける帝国の力もどちらかの側に味方をする必要があるから、それによって現地民の闘争や党派間の争いに巻き込まれることになる。帝国が長く続けば続くほど、こうした悪影響が勝っていく可能性が大きくなるのである。

『闇の奥』と残虐行為

帝国主義は、それがいかに進んだものであれ、あるいはむしろそうだからこそ、異常な暴力がつきまとうもので、帝国主義という言葉を聞いて多くの人が思い出すのは、激しい野蛮な行為の連続だろう。アテネによるミーロス島の破壊、ローマのカルタゴ撲滅、一六四九年九月一一日、オリヴァー・クロムウェルによるアイルランド東部ドローイダの大殺戮、南西アフリカでおこなわれたヘレロ族の大量殺戮、あるいは一九一九年、インド北西部アムリッツァルでのイギリス軍によるインド人虐殺。だが暴力や虐殺は、少なくともそれを知る人間がいない限り影響を与えることはほとんどない。だからこそベルギー領コンゴで串刺しにされた頭が飾られたのであって、この点はジョーゼフ・コンラッドの『闇の奥』の中で、人間心理の奥底が恐ろしいほどに描かれている。これこそまさに典型であって、近頃はやりの言葉を使えば、「ショックと恐怖」と言えるだろうか。その意味でドローイダに刻まれたオリヴァー・クロムウェルの墓碑銘は、後世への教訓となるべきものだった。

これこそこうした野蛮な輩に神の正義が下されたことだと考える。彼らは無垢の血を大量に流すことに手を染めたのだ。だからこれにより、将来そうした血が流されることを　防げるだろうし、だとすればこのような行動を取る理由も満足のいくものとなる。さもなければ悔恨だけが残らざるを得ないのである。

しかし、今日のマスメディア時代のように、残虐行為が広く知れ渡ることとなれば、それは帝国の力を強めるよりも、むしろ弱めることになるだろう。たとえばヴェトナム戦争の判断を大きく左右したのは、広く知れ渡った二枚の衝撃的な写真だった。一枚は裸の少女がナパーム弾の攻撃に怯えて街路を走り回るものであり、もう一枚はサイゴン（当時の名前。現在のホーチミン市）の警察官が寺院内で、ヴェトコンと思われた人間を撃ち殺す光景である。またイラクにおけるアメリカの役割を端的に捉えたものは、リンディー・イングランド上等兵がサディスティックな笑みを浮かべながら、アブグレイブ刑務所に収容されているイラク人の局部を指さしている光景だろう。こうしてみると、介入に伴って起こる暴力や恥辱を与える行為は、むしろ逆効果となるのが歴然としていると言えるのではないか。

教育が行き渡り、広範囲に情報が広まれば、帝国による押しつけがもたらす逆効果は大きくなっていき、積極的な貢献は薄められていく。

秩序維持への方策

では、政治秩序をつくりあげ、国の分裂や失敗を避ける方法として、もっとも優れた選択肢は何なのか。それは地域全体の安定を支えるものをつくり出し、世界レヴェルの機構メカニズムを生み出すことだろう。そしてこれらの解決策の中心には、一方では経済改革と繁栄、他方では代表者による機構を通じて正当性をつくり出す政治改革、この二つの間の溝があるのだ。

このためアメリカはメキシコ政治の支柱として、市場へのアクセス（物と労働力）を提供するとともに、政治的多元主義のモデルともなってきた。またアパルトヘイト消滅後の南アフリカの安定は、そのほかの南部アフリカ諸国にとって一つのモデルとなっている。一方、EUも共産主義崩壊後の中欧及び東欧の政治の安定に、似たような役割を果たしてきている。こうして一つのモデルが利用でき、統合によって利益を得る可能性が出てくれば、過激でナショナリスティックな政治は消えていったのである。かつての共産主義者は市場と民主主義を歓迎し、一方、スロヴァキアのヴラジミール・メチアルのような強硬派は排除されることとなる。単純な地理的因果関係がはっきりと見られるのであって、EUに近ければ近いほど、政治の安定がもたらされる可能性は高まるのである。(139) またEUは北アフリカに関しても同じような役割を果たせるのかも知れない。

地域を支配する大きな勢力が安定を生み出す役割を果たせない場所——西アフリカのナイジェリアや、中東のサウジアラビアのように、力もある原油生産国——では、辺境地帯の周辺で失格国家が急速に発展するのである。

秩序維持への道に立ちふさがるのは過去の記憶である。このため北アフリカでは、中欧ヨーロッパとは異なり、帝国の遺産が引き起こす無気力が存在する。フランスは現代のアルジェリアやモロッコに善意をもたらしているかも知れないが、その善意が常に帝国の記憶によって断ち切られるのである。それはあたかも世界がソ連崩壊後のロシアに、中欧ヨーロッパをつくりかえて、自由で民主的、そして市場中心の改革プロセスをつくり出す上で指導的な役割を期待しているようだと言えるだろうか。けれどもこうした実験が成功するとは確信を持って言えないし、むしろ逆の効果を生み出す危険性が高いのかも知れない。

第二に挙げたメカニズムには、不安定要素を抱える社会の政治に外部から正当なものを持ち込み、世界に広がるインセンティヴの体系を通じて、その緊張を少しでも取り除くことも含まれている。その場合のジレンマは、市場が強力な機構という枠組みを必要としているのに、同時に市場拡大に伴う収入と富の急激な変化が、弱い機構の正当性を崩すことである。国際機構は信頼を獲得する上で強力かつ効果的な方法だが、それは何よりもそうした機構がルールに基づく方法を多くもたらすからである。自らを安定化させたい国々、つまり貧困を減らし、経済を開放し、高い成長を成し遂げたいと考える国は、その行く手に数多くの障害を見出すことになる。特にこうした国々が、それと同時に政治改革や民主化の実験に乗り出せば、なおさらのことである。貿易自由化がもたらす好影響について述べたものは数多くあるが、現在保護されている産業に脅威が及ぶとなれば、そこには多くの利権が絡んでいることがわかる。国や公的機関の失敗を排除し、あるいはそこから回復しようとすれば、これは根本的に危ない道を歩くことになる。外部の人間が結果として下す結論には、ピノチェト将軍下のチリ、リー・クァンユー下のシンガポール、あるいは腐敗した一党のもとで支配される中華人民共和国でさえも、独裁政権のほうが自由な民主主義体制よりもうまくいくというものがある。

だがこれは選択肢を誤って解釈したものだと言わなければならない。マレーシアのマハティール政権のような比較的穏健な独裁政権でも、政治的軋轢は大きく高まっていた。企業統治に共産党が介入したことが、中国に弱点をもたらしてきたのである。ルールがより不安定になれば、結果はさらに悪くなる。モブツ将軍が支配したザンビアの過酷な独裁政治は、数え切れないほどの歪みをもたらし、そのもとで生まれたメカニズムが結局、国の破綻を招いたのである。

安定化の要因

危ういバランスの上に成立している各国の体制を安定化させるには、したがってある種の外部メカニズムを必要とする。そしてもっとも明瞭で容易なメカニズムとは、ある経済改革計画を正当化するために、それが外から強制されたものであり、国内の政治的選択や議論に左右されるものではないと主張することだろう。こうして外部機関は不安要因を取り去るメカニズム、あるいは光の杖として利用され、政治の動きから害となるものを排除することになる。戦間期のヨーロッパでは、国際連盟がそのように使われ、オーストリアやハンガリーに、きわめて不人気なデフレによる安定計画を押しつけたのである。一九四八年、ドイツ及びその西欧同盟諸国がこの役割の一部を引き受けたが、それはきわめて過激な、そして当初は不人気だった通貨改革をおこなおうと考えたからだった。一九六〇年代以降は、こうした改革計画でスケープゴートの役割を果たしたのはブレトン・ウッズ体制、世界銀行、国際通貨基金などが多かった。しかしこうした手法を使い過ぎれば、信用が落ちるのは目に見えている。ＩＭＦへの反発としては、一九七〇年代のジャマイカ、あるいは二〇〇〇年以後のアルゼンチンへの援助に対するものがあって、こうした反発が政治同盟や政治の安定の役割を果たしたのは事実だが、それが可能だったのは、根底にポピュリズム的なナショナリズムが機能不全を起こしているという事実があったからだ。

同じように外部から安定化を生み出すものとして、もう少し温厚な方法としては、政治的な分裂を埋め、官僚の壁を越える方法として、専門化のアドバイスを利用するものである。こうしたアウトサイダーとしてはコンサルタントが考えられるし、事実、ビジネス世界との比較から、そうしたメカニズムがきわめて効果的に進む方法が得られるかも知れないのである。国内で改革に携わっている多くの人間にとっては、コンサルタントが言うことは耳にたこができるほど聞いたものであり、真の問題は国内の政治的障害だから、外部の人間が信用が置けるかが鍵となる。このため報酬があるか（それも高い報酬）が、アドバイザーの仕事にとっては重要なわけだ（個人の場合、同じことは心理療法士に関しても言えるだろう）。そして国際的な金融機構と取引をする国の場合、アドバイスを受けるためのコストは報酬ではなく、融資の条件になるのであることが多い。

安定化戦略の基本とは、政治の流れに歯止めをかける方法を見つけ、それによって、要求が肥大化して安定が損なわれることを避ける点にある。最近、ファリード・ザカリアが結論として述べたことは、民主主義をつくりあげるよりも、法による支配を取り戻すことが大事になっているという点だ(140)。彼が意識的に復活させているのは昔からの議論、すなわちアレクシス・ド・トクヴィルが民主主義と自由主義は相互に相手を排除すると述べたものだ。十九世紀のリベラル派の多くは、大衆による支配が財産と秩序を破壊し、抽象的な法律を無効にするとの予測に怯えていた。

だが現実には、法による支配がある程度のコンセンサスを抜きにしては不可能だとしても、そうしたコンセンサスがもっともきちんと得られるのは、民主的手続きを踏んだ組織によるものである。「大衆」には政治、経済の秩序に対して責任があるが、それは一般的な意味での責任である以上、些細なレヴェルでの介入は避ける必要がある。そして多くの場合、この「大衆」には助けが必要であり、それを与えることができるのはきちんとした組織を持つ国際的なシステムであり、一つの国際システムが国内政治と関係を持ち、国内政治にまでその影響を及ぼすことで、初めて可能となるのだ。

このような国際システムの中核にあるのはルールに基づく方法であり、これがあれば、新しい帝国主義だとか、新たな植民地主義だといった批判にも動じることがないのである。ルールとは、「テルミヌスの天才」をもってしても、法による確実な秩序の原則を押し広げようとする試みが、現実には終わっていないことを確認する方法なのかも知れない。

第7章

神聖ローマ帝国とローマ帝国

アメリカ帝国への懐疑とヨーロッパの価値

帝国への批判が即座に出てくるのは、帝国に代わるものがあり得るし、またあるべきだと考えるからだろう。帝国ではない政治的かつ体制の実験としてグローバルなモデルを探すとすれば、現在もっとも明瞭な候補はヨーロッパではないか。アメリカではほかならぬアメリカの力を批判する書物が次々に出版されており、代表的なものを挙げればチャールズ・カプチャンの『アメリカ時代の終わり――アメリカ外国政策と二十一世紀の地政学』(二〇〇二年)、ジェレミー・リフキン『ヨーロッパの夢』(二〇〇四年)、T・R・リード『ヨーロッパ合衆国――新たな超大国とアメリカ覇権の終焉』(二〇〇四年)、マーク・レナード『なぜヨーロッパが二十一世紀をリードするのか?』(二〇〇五年)などがある。そして実はこうした書物の底流にあるのは、ヨーロッパがアメリカ帝国の覇権に対立するものへ育ちつつあるという認識である。(141) ではなぜなのかと言えば、ヨーロッパが経済面で効率を高めているとか、あるいは労働意欲が高い、さらに軍事力を効果的に使っているということではなく(こうした理由を挙げれば、笑いが起こるに違いない)、ヨーロッパの実験が根本的に優れた価値観の上に築かれているからだ。

けれども、この価値とは何かと定義しようとすれば一つの問題が出てくるし、あるいはそれがなぜ優れているかを証明しようとしても、やはり問題が出てくるだろう。一方、ヨーロッパ側にしてみれば、そのような価値の問題ではなく、優れた政治的プロセスを発展させてきたからだという意見が多い。特にヨーロッパは、自分たちがルールをつくる上で合意を重視しているからだと考えている。この点は実は、法律制定の手続きが優れているというよりも、むしろそもそものような手続きがないことを示していると言えるのではないか。つまり、ヨーロッパの立法のほとんどは、欧州司法裁判所の決定から生まれたものであって、そこではＥＵ閣僚理事会による決定が加盟国に自動的に適用されると決められているのである。その結果、立法手続きは各国政府による複雑にして時間のかかる交渉から生まれるので、強圧的に見えないものとなるわけだ。

ヨーロッパ型モデル

さらにヨーロッパは、こうした手続きを経る過程で、ヨーロッパ以外にも広く適用できるモデルを発展させてきたと考えることもできる。新たに台頭した、潜在的に経済大国となる力を持つ国々、特にインドや中国は多様な言語を抱えて政治構造も複雑であり、それに加えて、安全保障の問題を不安定な隣国まで視野に入れて考える必要がある。だとすれば、ヨーロッパはこうした問題解決のひな形と思えるわけだ。

歴史的に見ると、ＥＵがローマ帝国の復活なのかに関しては議論が分かれるだろう。たとえば神聖ローマ帝国は、かつてのローマ帝国の版図《はんと》をほとんど受け継いで発展したものだった。またヨーロッパ独自の世界という考え方は、二〇〇一年九月一一日以後の激論の中から生まれたものでもないし、もちろんイラク戦争以後のものでもない。逆に古い歴史があるのだ。かつてイギリス首相だったハロルド・マクミランは、ド・ゴールと激しい議論を交わす過程で、こう述べたことがある。「あなたは神聖ローマ帝国を再建したいと考えているが、われわれはローマ帝国を再建したいと考えているのだ！」(142)。

マクミランは何を考えていたのか？　ローマ帝国と結びつく価値は支配権になるが、神聖ローマ帝国では支配権はバラバラで、統一されてはいなかった。そもそも一元的な支配権などあり得ないものである。ドイツの法哲学者サミュエル・プーフェンドルフは十七世紀において、ヨーロッパ大陸全体にホッブズ流の支配権の理論を当てはめようとしたのだが、結果的には神聖ローマ帝国が統一性のない不自然なもので、「怪物」の如き存在だからつかみようがないとあきらめることとなった。そして十八世紀になると、ヴォルテールが有名な判断を下して、この政体は神聖でもなければ、ローマでもなく、また帝国でないのも明らかだと述べたのである。この点ではギボンも同じようにかなり懐疑的だった。『ローマ帝国衰亡史』の最後において、西ローマ帝国に別れを告げた彼は、人文主義者のアエネアス・シルウィウスを引用して、「キリスト教世界の惨状」を次のように描いている。

それは頭のない身体であり、法や統治者のない共和国である。教皇や皇帝は高貴な肩書き、類い希な姿で輝いているが、彼らには統治能力がなく、これに従うものはいない。どの州にも統治者がいて、それぞれが異なることを考えている。これほど多くの不和と敵対する力を同じ基準で統一するには、いかなる雄弁が必要だろうか？　こうした人間たちが肩を並べて集まることはあるのか？　誰か執政官の職をこなそうとする人間が出てくるのだろうか？　どのような秩序が維持できるのか？……誰がさまざまな言語を理解し、あるいは見知らぬ、そして相対立する風俗習慣を導くことができるのか？(143)

このあとギボンは、アエネアス・シルウィウスが教皇としてヨーロッパを率い、トルコへの聖戦に向けて努力する姿を描き出している。

東ローマ帝国の復活か

歴史が復活したかのように、EUの自画像は、神聖ローマ帝国の支配権が奇妙にも分裂したときの議論を再現したものとなっている。つまり、神聖ローマ帝国の体制がおかしなものであった結果、この帝国は軍事的な拡張を考えず、領土を越えた社会的ネットワークを育てた。今なら（ジョーゼフ・ナイの言葉を借りれば）「ソフト・パワー」と呼べるものが基盤となり、これによって組織的な協力体制が生まれたことにこの帝国の魅力があったのだ。その意味では実に現代的、あるいはひょっとするとポスト・モダンと言えるのかも知れない。

これに対し、現代ヨーロッパは同じように多様性に富んでいるが、それ故に統合とコンセンサスに高い価値を置いている。このためにその歩みはゆっくりとしており、批判者たちが望むような抜本的構造改革を急いで進めることには、乗り気ではない。経済学者のモンテク・シン・アールワリアが現代インドの特徴を示すためにつくり出した言葉があるが、それが現在のヨーロッパにも当てはまるかも知れない。すなわち、弱い政治改革をすることに関しては、強いコンセンサスがあるのだ。[144]

コンセンサスをつくる過程がゆっくりしているのは、現代世界では相応しくないとの意見もある。何しろ今は、テクノロジーの変化が速く、加えてコミュニケーションのスピードとグローバル化によって、迅速な反応と、政治の素早いリードが求められているように見えるからである。ところが、現在のヨーロッパを弁護する人々にとって、こうしたゆったりとした特徴がヨーロッパ主義をきわめて確実なものとしていると映るのである。いわばこれこそが安心感を与える毛布であって、グローバル化の激しい浮き沈みにさらされる人間を優しく包み込んでくれるわけだ。ゆっくりとした変化を大事にするこのヨーロッパの姿勢が望ましいものかどうかについては意見の違いがあるけれども、その違いこそが、変化の代償をどう処理するか、その考え方の相違を反映している点は明らかだろう。心理面で考えれば、何かを失う代償のほうが、同じものを獲得することよりも遥かに高くつく点から、ヨーロッパ人は結論として、安定のために変化を抑制することが、富を生み出して高い経済成長を実現するために意図的に不安定をつくるよりも、望ましいと考えているわけだ。[145]

反帝国主義とならないヨーロッパ

きちんと明確な統治権がないことがヨーロッパのルールを複雑にしており、その結果、批判も出てくるのだが、ただしその批判も、アメリカのシステムに対するものとはかなり違っている。アメリカのやり方に対しては、反帝国主義的な反論が生まれるのに対し、ヨーロッパ流のルールづくりに対しては戸惑いが生まれたり、あるいはルールに従わない動きが出てくるのだ。ドイツの社会批評家であるハンス・マグヌス・エンツェンスベルガーは近頃、現代ヨーロッパが「イタリア化」の道を辿りつつあると述べている。つまり、ルールの茂みがあまりに深くて見通せず、ときには矛盾していることもあるので、国民はそれを無視したくなるか、あるいはたまたま気に入ったものを選ぶしかないというのだ[146]。実は、複雑さに対するこうした反応には、歴史的に、あるいは文化的に見て確固たる先例がある。

神聖ローマ帝国――抜本的変化が不可能なことの代名詞となったもの――とは、必ずしもローマ帝国の後継者ではなかった。その起源は、カール大帝のフランク王国がヴェルダン条約（八四三年）によって、西の王国（やがてフランスになる）と東の領土に分かれたことにある。この帝国は一八〇六年、最後の皇帝（フランツ二世）がナポレオン軍に敗退したのちに解体する。それまでの間は一つの法体系を持っていたが、ただしその機能はいささか時間がかかり過ぎ欠陥も多かった（しかしこれは近代初期のヨーロッパ各国にほとんど共通するものだった）。ちなみにこの法体系とは、七人の、そしてのちには八人の有力な諸侯が皇帝を選ぶものであり、また暗黙の了解として（だが守られないこともあった）、帝国内の地域同士が戦うことも禁じていた。帝国を構成する地域は大きさもさまざまで、場合によっては村の半分しかない小さな州から、かなり強力な州、たとえばブランデンブルク＝プロイセン、ザクセン、バイエルンなどがある。ウェストファリア条約締結（一六四八年）後は、大きな州は自らを主権国家と考え、特にプロイセンは同盟関係をつくりあげてオーストリアを中心とする同盟と対立したが、現実にはオーストリアの支配圏を治める人間が常に神聖ローマ帝国皇帝と考えられるようになっていた。中央ヨーロッパに住む人々にとって、神聖ローマ帝国は近代の国民国家に先立つものだが、この国民国家はフランス革命とナポレオンが生み出したと同時に、またそれらに反発して生まれたものでもあった。神聖ローマ帝国はこうしてヨーロッパの精神的見取図、あるいはひな形として存在し続け、これをもとにして現状の判断がなされたのである。

　こうした理想が復活したのは、国民国家が不十分なものだと感じられた時期だった。二十世紀初頭、多くの識者が指摘し始めたのは、国民国家とはある特殊な社会体制の時期、つまりフランス革命の理念が国民を生み出し、鉄道が国内市場を生み出した時期の産物だという点だった。だが、人々が国境を越えて移動し、市場が広がっていくと、つまり簡単に言えば、十九世紀後半のグローバル化が激しく進んでいくと、国民国家は狭いものと考えられ、野心に溢れた人間はより広い地域をめざすことになる。

中欧の場合

二十世紀初頭、オーストリアとドイツで交わされた議論の中でもっとも有名なものとしては、「中央ヨーロッパ」の概念をどのように詳しく規定するかがあった。これをもっとも明快に述べたのはプロテスタント自由主義の立場に立つフリードリヒ・ナウマンで、その著作『中欧論』は第一次世界大戦中の一九一五年に出版されている。ナウマンはありきたりのナショナリストではなく、またプロイセンの軍事主義思想を高らかに唱える人物でもなかった。逆に、彼及び中央ヨーロッパの理念を唱えた人々が強調したのは、その理想と非軍事的な特質だった。またナウマンは、政治世界を構成する国家に代わるものを考えたメッテルニヒの理念を高く評価していた。メッテルニヒのハプスブルク帝国は、「プロイセンよりも非軍事的で、古いバイエルンよりも家父長的な要素が弱いものだった。それは独自のやり方で文明化の影響を及ぼすものであり、その状況を考えれば、現代的精神を持つものだった[147]」。国家となる以前のオーストリアはポスト・モダン時代の国家モデルとなり得るもので、そこでは国を超えた官僚機構が計画を立てて近代化を進めることができた。ナウマンは引き続きハプスブルクのモデルにヒントを得て、こう述べる。「多国語による議会システムでは安定した多数派を生み出せず、官僚機構が強まっていくが、この機構はある程度の技術と何度か恩恵を施すことで、互いに争う勢力を競わせて常に漁夫の利を得る[148]」。こうしてナウマンの描く国家は、つい最近の組織を――当時はアメリカである――モデルとして、社会生活を再構成できることになる。すなわち、「古い慣習的な仕事をだらだらとこなしている人間をせき立てなければならない。そうすれば、彼らは進歩的な労働のリズムに近づくことになる」(149)。これは明らかに、豊かになる可能性とロマンティックな探求とが両立するかのように見せるため、意図された言葉であろう。冷血な物質主義者の計算などではないのだ。「中欧の経済システムに入ることは、魂を変える決断なのである」。合理的なプロイセンとプロテスタントの労働倫理に基づく北部、そしてカトリックのウィーンにあるより穏和で、インスピレーションに富む芸術的ロマンティシズム、こうしたものが統合されるのである。「われわれがそれぞれの能力をつなぎ合わせることができれば、そのとき初めて、強固な北部ゲルマン文明は、あなた方の助けを借りて魅力を増し、それによって外の世界に寛容なものとなろう」(150)。このゲルマン・オーストリア・ハンガリーの統一が新たな政治体制の基礎となり、それがやがて広がっていくのである。

国家を超えて

これとはかなり政治状況が違う中で、似たような理想が甦ったことがある。第二次世界大戦後のことで、この時期にはまたしても国民国家への信頼が大きく損なわれ、古くさいものと思われていたのだ。ヘルームート・ジェイムズ・グラフ・フォン・モルトケを中心とするドイツの抵抗運動を進めた、いわゆる「クライザウアー・グループ」は、次のような結論に達している。「国の文化を自由に、そして平和に発展させることは、個々の国家が絶対権力を持つこととは相容れない。平和が要求するのは個々の国家を越える秩序をつくりあげることだ」。国家を越えた戦後ヨーロッパの秩序をつくる上で大きな役割を果したジャン・モネは、カフェで聞いた会話で自分の計画が正しいことを確信したという。「シューマン計画で一つはっきりしたことは、もう二度と戦争に行かなくていいことだ」[151]。神聖ローマ帝国と第二次世界大戦後のヨーロッパ政治体制の構築との間で、もっとも似ている点は体制が開かれていること、あるいはジョーゼフ・ウィーラーの言葉を借りれば「体制相互の寛容」にあると言えよう。国民国家も同じような面を持つと言われることが多いが、ＥＵは実に多様な体制を取り込むことができるのである。たとえば加盟国の中でスペインやイギリスは古典的な国民国家の概念にはきちんと当てはまらないが、一方、フランス共和国――フランス革命後の国民国家の古典的例――は高度に中央集権化されている国である。またＥＵが優れて成功を収めてきたのは、地方分権の余地を残した時期だった。たとえば自治憲章を採用してカタルーニアに大幅な自治を許すとともに（一九七九年）、一九八六年からはＥＣへの加盟を認め、これによってフランコ政権崩壊後のスペインに大きな安定をもたらしたのである。ＥＵはまた連合王国イギリスの一部を切り離すことにより、ウェールズの自治とスコットランドの地方分権への道を開いている。

一九七〇年代以後、ＥＵ（当時はＥＣ）は拡大を続けている。そして新たな加盟国にとっての魅力が、より大きな政治的安定をもたらす上で重要な要素となっている。この点は一九八〇年代に加盟した、かつては独裁的だった三つの地中海諸国、すなわちギリシャ、ポルトガル、スペインについても言えることだった。また二〇〇四年に加盟した、かつて共産主義国家であった中欧諸国、すなわちチェコ、エストニア、ハンガリー、ラトヴィア、リトアニア、ポーランド、スロヴァキア、スロヴェニアにも言えることだ。さらに今後加盟する予定のトルコ、あるいはウクライナ、またはロシアにも言えることかも知れない。ただし、こうしたEUの枠組みによって安定を得ようとすれば、逆に状況が不安定になる可能性もある。たとえばトルコを加えるべきだとする大きな理由は、ここがイスラム教の国であり、これまでは不安定な世俗主義が生まれてきたため、この国を加えることができれば、ほかのイスラム世界にとって一つのモデルとなると考えられるからである。また二〇〇四年のウクライナ大統領の選挙が明らかに操作され、ロシアが介入して候補者を支持した際、EUの外交政策のスポークスマンであるハヴィエル・ソラナは、キエフにおける民主的デモを外部から擁護して重要な役割を演じている。その意味でヨーロッパはいわゆる「ソフト・パワー」のある側面に関しては、明らかに有利な立場に立っており、アンドルー・モラヴシクも最近次のようなことを述べている。「今日の世界で、一つの強大な政治体制が平和と安全を促進するために、…市場アクセス、つまりEUの貿易ブロックへの参入や、あるいはこのブロックとの関係で、決定的な働きをするかに関しては疑問の余地がある」[152]。

ヨーロッパ統合への道

しかしこうしたヨーロッパが生み出した安定構造は、最近の加盟国と比べれば少ないものの、当初の原加盟国にも大きな利益を与えたのは事実である。つまり、戦後七年が経過した時点で、欧州石炭・鉄鋼共同体（ＥＣＳＣ）として統合への第一歩を踏み出した国々だが、ただしこの共同体の運営と役割をめぐっては、苦い政治的分裂が生まれていた。

現在のヨーロッパを生み出した国々は、自らの目標を贖罪という、宗教的な言葉で捉えていた。ナチスによる悪行の源泉となったドイツは、これによって犠牲となった国々との関係を回復しない限り、贖罪を果たすことはできなかった。ド・ゴールはのちにフランスはユニークな役割を担っていると述べたが、それはフランスがドイツから大きな被害を受けていたからだ。つまりフランスだけが、ドイツに占領された国々と協力する資格を有していたと言っていいだろう。言い換えれば、解放されたフランスだけが「ドイツをその腐敗から引き上げる」ことができたのである。一九八〇年代には地中海諸国が新たに民主政権として加盟を認められたが――ギリシャ、続いてスペインとポルトガルだが、これらの国々はわずか数年前に、強圧的な軍事政権から脱却したばかりだった――、これによって再び、ヨーロッパが過去の遺産を乗り越えるための手段として使えることが明らかとなる。またすでに述べた贖罪にあたるものとして、ド・ゴールがかつての共産圏諸国の加入に際して述べたことも思い出せるだろう。つまりそうした国々は、西ヨーロッパが進歩していた時期、苦痛に喘いでいたというのだ。さらに言えば、似たような議論は、イスラムの伝統を持つ国々を、イスラム教とキリスト教との裂け目を埋めるもとして捉える点にもうかがうことができる。ヨーロッパ統一を積極的に押し進める考え方では、かつてヨーロッパ文明を破壊した断絶――これは二十世紀だけではなく、おそらく近代にも見られたものだ――を乗り越えるメカニズムとして、これを捉えたのである。こうしてヨーロッパの統一への動きは一種、歴史の逆転の様相を示すことになり、そこでは理想と組織とが過去の亡霊を両側から挟み撃ちにするものとして使われているのである。

実際、この挟み撃ちは現実のものとして有効に働いている。ヨーロッパの贖罪が現実におこなわれている姿は、民主的手続きと法による支配を常に見据えながら政治が進む点に見ることができる。このような抑制をする結果、日々の政治から何らかの可能性が失われるのも事実だが、同時にその圧力も取り去っていくことになる。国を超えた、あるいは国際的な機構を使うのは重い荷を背負った政治体制ではかなり一般的に見られるもので、中でももっとももよく見られる（そして厳密に適用した）ものとしては、発展途上国がＩＭＦのような機構を使って、有権者に対し、不愉快な選択も仕方ないと説明することではないか。

現代ヨーロッパをつくりあげた人々の中で、もっとも創造性に富み、深い考察力を持つ人間は、自らつくったものをある政治形態の完成、つまり十九世紀から二十世紀の政治議論を支配してきた伝統的な国民国家と主権の概念を越えるものが到達した姿だとみなしたし、この考え方は今も生きている。イギリスの外交官ロバート・クーパーは、二十一世紀初頭のグローバル化した混乱の中で、三つのタイプの政治形態が存在するとしている。第一は失敗した混乱国家。第二は現代の主権国家で、これが大規模となれば帝国と呼ばれるもの。そしてポスト・モダンの統一体である。そしてこの第三のものがより革新的なのは、それが社会のエネルギーを広く活性化できるからである。クーパーによれば、「帝国は変革を進めるには相応しい組織ではない」。一九八九年、冷戦が終結したあと、ヨーロッパはようやく「帝国主義的な衝動」から自らを解き放った。つまり、この衝動はまずヨーロッパが生み出したものであり、やがてモスクワとワシントンがヨーロッパに押しつけたものだった。ポスト・モダン国家はヨーロッパで最善の姿を現しているのだが、それは伝統的な安全保障の考え方や国家的な見地を排除するものなのである。クーパーは次のように述べている。

個人が勝利を収め、外交方針は国内問題が国境を越えて広がるものとなっており、その逆ではない。個人の消費が全体としての栄光に代わって、国民の生活の主要なテーマとなる。戦争は排除され、力による領土拡大は無意味となるのだ[153]。

支配権の分散や緩《ゆる》やかな意思決定を好むヨーロッパの姿勢が実際に優れたものを生み出すか、これについて過剰な期待を寄せるのは早計に過ぎるだろう。事実、ヨーロッパのやり方は効率と安定を天秤にかけて、そのときどきで違った評価を下すものである。ポスト・モダンのヨーロッパが望ましい変化をつくり出し、あるいはその変化に見合うものを生み出しているのか（たとえば二〇〇〇年三月に出されたリスボン・アジェンダでは経済発展の方向が示されている）、まだはっきりしないのも事実である。事実、二〇〇五年三月には、ヨーロッパ・サミットが明らかにリスボン・アジェンダの内容、すなわちEU内部における貿易自由化を拒否した点を批判している。またそもそもヨーロッパ統合の動きを生み出した主要工業国であるフランスとドイツは、国内の大きな政治的緊張に直面しており、政府は短期的な失業率の上昇に懸念を抱いている。というのもこの上昇は、自由貿易の進展が生み出した可能性が高いのだが、これが政権の崩壊につながることもあり得るからである。

新たなヨーロッパの理念は、それを体現する新たな特質を生み出していかなければなるまい。新しい優れた社会組織としてのヨーロッパを考える上で、最近の議論を支配しているものとしては三つの道がある。すなわち、市場経済を越える方法。紛争の平和的解決のモデル。そして望ましからざる政治体制に代わるもの。この三つなのである。

反グローバリズムの主張

第一に、ヨーロッパは市場に代わる選択肢として考えられている。この点がはっきりしたのは一九五〇年代で、ほとんどの識者は、資本主義の混乱は戦時期の崩壊と不況を再び生み出すだけのことで、その結果、民主主義や自由秩序の復活への試みは無に帰すると考えていた。そのため経済に要求されるのは、これまで戦争と紛争の経済的基盤であったヨーロッパ重工業国の政治的感受性に添うような計画をつくることだとされた。ところが一九八〇年代半ばからヨーロッパ統合の動きが加速されていくと、その背景となったのは世界に広がる国境を越えた市場経済の重要性の高まりであり、あるいは現在よく使われる言葉によれば、「グローバル化」の動きである。ヨーロッパの統合はグローバル化を害の少ないものとし、保護のメカニズムをつくりあげる方法だった。ユートピア的な意見を持つアメリカのジェレミー・リフキンはこうしたヨーロッパの反応を、第二次世界大戦後のヨーロッパ再建にあたってめざましい役割を果たした福祉国家体制の崩壊から、国を救うための試みだと考えている。「一九八〇年代と九〇年代、政策立案者の間で真の脅威となったのは、政府があっという間に内部崩壊しつつあり、資本主義市場が最終的に人間関係の絶対的な裁定者となるのではとの予想だった」[154]。こうして資本主義への弾劾がヨーロッパの政治で頻繁に語られることになる。たとえばジャック・シラクのような政治家は、一九八〇年代にはマーガレット・サッチャー流の市場論者として評判を獲得していたが、反グローバル化を唱える人々への共感を急速に口にするようになる。二〇〇一年には、ジェノヴァのデモ隊は大事な点を指摘しているとまで言うに至ったのだ。「一〇万人が反対するからには、彼らの心と魂に問題があるからとしか考えられない」。そして二〇〇五年になると、こんな説明をしていた。「極端な自由主義とは新たな共産主義である」[155]。

二〇〇四年のヨーロッパ憲法草案はヨーロッパの新たなアイデンティティを確固たるものにすることをめざし、市場の問題についてはきわめて微妙なバランスを保とうとした。一方では、一九八〇年代以降の新たなダイナミズムの波が単一市場の考え方を重視した結果として生まれたのも事実で、ちなみにこの単一市場の考え方は一九八六年の「単一欧州議定書」が示したものである。一九九〇年代の金融統一への動きは汎ヨーロッパ資本市場を生み出し、これによってビジネスの構造の近代化と一貫性への道が大きく歩み出すことになる。取り決めの草案では（I—4）、まず「基本的自由」が挙げられている。「人間、サーヴィス、物、資本の自由な移動と、組織の自由はEU内及びEUによって保証される」。他方、取り決めでは市場の支配、規制、そして抑制の可能性を示すものも数多く含まれている。「基本的自由」としてI—3に示される部分の前文には目的が書かれているが、そこには（第二段落の）「域内市場では競争は自由であり、これを妨げるものではない」の言葉とともに、（第三段落の）「EUはバランスの取れた経済発展と価格の安定に基づくヨーロッパの持続的発展、きわめて高い競争力を持つ社会市場経済の持続的発展に努め、完全雇用、社会進歩、高度なレヴェルでの環境保護と発展をめざす。また科学技術の発展も促進する」とある。にもかかわらず、この草案は依然として批判を受けた。たとえばかつて首相を務めたローレン・ファビウスとフランス社会党の大部分は、市場に対してあまりに同情的だと批判したのである。二〇〇五年におこなわれたフランスとオランダの国民投票でこうした草案が拒否されたのは、このような左派の批判があったからだ。

ネットワークがもたらす協調体制

もう一つ、市場を重視しない点としては、ヨーロッパが「ネットワーク」をつくるものだとの主張である。この考え方によれば、国際協力の中には国家を越えた機関が含まれることになり、それによって各国政府のネットワークが円滑に進むのだが、「これは一つの構造をつくりあげることで、各国の官僚ネットワークがきわめて効果的に運用されるからだ」(156)。情報化時代へのもっとも適切な対応として（また混乱した個人主義的市場資本主義への代案として）ネットワーク社会を考えることは、ＥＣの報告書の多くが推進していたもので、たとえば一九九四年には『情報化社会へのヨーロッパの取り組み—行動計画』が出されている。その中では教育改革の計画として、大学と研究所との間で国を超えたネットワークの構築が強調されていた。だとすれば、ここでも意識的にか、無意識なのかはともかく、歴史的なモデルがあったことになる。すなわち、中世と近代初期のヨーロッパの大学も、ヨーロッパ全体に広がるネットワークにしっかりと組み込まれていたからだ。ロッテルダムのエラスムスは（彼の名前は「エラスムス・ムンドゥス」として、大規模な奨学金による交流プログラムの名称に使われている）広範囲にわたる人々と接触を保ち、意見を交換したり、旅をすることで、普遍的な、あるいは少なくともヨーロッパ全体に及ぶ学問の共同体をつくりあげていた。こうして学者たちは各地の大学を頻繁に、そして自由に渡り歩いていたのだ。これに対して十九世紀の大学は、国家のアイデンティティと国家の学問をもっぱら推進するために創設されたのである。

こうしたヨーロッパの夢を現代に生かす様子からは、一つの曖昧な顔が浮かび上がってくる。どのようなネットワークにしても、そこに含まれる人間はさまざまな接触やつながりの中心に位置するわけだが、同時にこのようなつながりが弱く、人間同士が離れているような辺境地域も存在する。ジェレミー・リフキンは結論として、人間同士の接触が密になり得るとの楽観的な見解を示している。

グローバル化した経済では、誰もがつながり、相互依存がさらに強まっていくので、市場における単純な交換の中で、個人が自己の利益を大きくするという自律的な姿はひどく時代遅れのものと見えるようになる。真の意味でのネットワークこそが唯一の組織モデルであって、これこそが、高速化し、複雑で多様化する世界を組織できるのだ。……EUは国を超えた新たな統治モデルのもっとも進んだ例であって、だからこそ、グローバル時代における統治技術を国民国家の指導者たちが再考するにあたり、その成否が世界各地から注目を浴びているのだ。[157]

問題はネットワークが組織の手段となるとしても、そこに誰もが受け入れられる普遍的ルールが欠如していることだろう。ネットワークの外にいる人間、あるいはそのネットワークの辺境部分にいる人間は、効率的な機能よりも、むしろそこに友人や、保護者と被保護者とのネットワークがつくられている様子を目にして、透明性が欠けているとの不満を口にすることになる。そして彼らがそうした議論を政治的な言葉に置き換えるとすれば、それは民主的なアカウンタビリティの欠如となる。これはEUを批判する人々が常に指摘してきたものだった。

安全保障への考え方

第二に、ヨーロッパは安全保障問題に関しては違った考え方を示している。つまり、ヨーロッパの理想は平和であって、これは一九一四年から一九四五年まで、つまり二十世紀の前半におこなわれたヨーロッパの長く破滅的な内戦、あるいは「三〇年戦争」が終わりを告げた結果、生まれてきたものである。そのため、このこともヨーロッパ憲法草案に明確に述べられる結果となった。すなわち、EUの「目的」は「平和とその価値、そして人々の幸福を促進することにある」(I―3、第一段落)。

市場の問題と同様に、ここでも平和が何を意味するかに関しては意図的に曖昧にされている。政治の手段として戦争は破棄するというのか、それとも平和を守るためにはときとして軍事力も必要だというのか? ヨーロッパの中にはこうした立場の一つを選択して、それを必死にねばり強く追求すべきだと考える人もいるが、大多数はそうした選択を避けようとしている。

冷戦中であれば、一九八九年から九一年以後の時代よりも、これはまだ対処が容易だったと言えるかも知れない。なぜなら冷戦中は、力のバランスがヨーロッパの外にあり、ワシントンとモスクワとのやりとりから出てくるものだったからだ。そのため、グローバルな政治が強い考え方を生み出して、超大国としてのアメリカとソ連はヨーロッパの視野に組み込まれることはなかった。事実、一九八〇年代には、西欧の主要な思想家の多くが、中欧と東欧が「ヨーロッパ」に組み込まれる可能性すらも考慮に入れなかったのである。なぜなら、そうした考え方を取れば、お決まりの安全保障の考え方に引きずりこまれることになるからだ。冷戦中、特にその後期には、西欧のエリートや思想家は、ソ連が支配する東欧で起きていることには目を向けず、あたかも東欧が別の大陸であるかのように振る舞っていた。そしてこの姿勢は、一九八九年から九一年にかけての地政学的な分岐点以後も続いた。北朝鮮やイランの問題は、地政学的に見れば遥か遠い世界にあるかのように扱われていたのだ。また中央アジアの鍵であるトルコへの関心もほとんどなかった。アメリカ人の多くは自国がグローバルな問題に大きく関わっていることを、現代世界の複雑な相互関係を認識していることの表れだと考える。ところがヨーロッパ人はすでに述べたように心の中から外部世界を排除しつつ、特に各国政府は北大西洋条約機構に加盟することで安心感を得て幸福な気分に浸っていた。フランスにしても、一九六五年にNATOの軍事機構から脱退したものの、政治機構には引き続き加盟している。こうしてみると、安全保障をめぐるつながりは、国を超えた経済的、法律的紐帯とは、かなり違った様相を呈していると言えるだろう。

誤ったユーゴスラヴィア問題の処理

このような背景を考えると、組織化された外交方針のシステムでは、「ヨーロッパ」は一九九〇年代の諸問題の多く、特にユーゴスラヴィアの分裂から生じた問題の処理を誤ったのも驚くにはあたるまい。ボスニアへの武器輸出の禁止をおこなうことで（これは新たな平和政策の試みだった）、ヨーロッパは事実上、残存していたユーゴスラヴィア連邦とボスニアにいたセルビア人だけを援助したのである。ヨーロッパがパワー・ポリティックスをおこなう能力を持たないとして、アメリカからは批判が出たのだが、その中でももっとも強い非難はボスニアの悲劇から生まれたものだ。そして二十世紀も終わりになると、この不満は、ヨーロッパが一致して腰抜けの姿勢を取るとして、アメリカによる非難の嵐にまでなった。セルビア勢力への空爆も、アメリカの介入があったからこそできたので、これによってボスニア問題への効果的な交渉もスタートできたし、ミロシェヴィッチとセルビアに圧力をかけたことで、ようやくデイトン合意が可能となったのである。だが、アメリカによる批判の多くは急速に時代遅れになったのも事実だった。ところが一九九九年のコソボ危機を迎えるまでには、ヨーロッパの多くの政府がボスニアの教訓に学んで、ヨーロッパの歴史の遺産に基づく介入を正当だとする根拠を示すことになったとも言えるだろう。

ユーゴスラヴィア問題はこれだけ激しい非難を受けたものだから、一九九〇年代のヨーロッパの対応は結局失敗だったと考えるのは容易である。だが驚くべき変化として、ユーゴ以外のほとんどの共産国が新たに比較的自由な政治秩序へと変化を遂げ、市場経済へ移行してめざましい発展を遂げているのも事実である（そしてこれは、キューバや北朝鮮のような孤立した悲惨な例とは明瞭な対照をなすものだ）。チェコ人とスロヴァキア人とのいわゆる「ビロードの離婚」で衝突が避けられたこと、スロヴェニアの平和、あるいはバルト海諸国の安定（ここにはロシアからの移民が大量にいて、言語的にはナショナリズム政策を取る国内で、自分たちが従属的な地位に置かれたことに不満を持つと予想されていたのだが、現実のものとはならなかった）などを見ると、ヨーロッパという磁石が強い力を有していることがはっきりわかるのである。

言い換えれば現代ヨーロッパは一種の帝国であって、勢いよく拡大を続けているのだが、この拡大も新たな国を吸収した結果、かなり劇的に変化しているのは明らかなのである。ただし帝国と言っても、軍事力によって征服するのではなく、紳士的に加盟を求めているのだ。だとすればここにもハプスブルク帝国と似た側面があるだろう。これは常に言われてきたことだが、ハプスブルクの拡大は戦争を通じてではなく、王家の結婚によるものだった。皇帝フリードリヒ三世の言葉のように、「幸運なるヨーロッパよ、汝は結婚せよ」だったのである。こうした現代ヨーロッパの動きの中で重要なのは、（これまでのところは理論的に過ぎないが）加盟国がEUを離れることができるとの認識があることだ。これがアメリカの体制とは大きく異なる点で、アメリカでは州が連邦を脱退することは許されなかったし、事実、そうなれば南北戦争が起きる原因ともなったのである。

自発的に加盟することと、共通の繁栄という魅力に基づいてつくられる新たな政治形態が拡大していく点は、よりよい地球規模の統治にとってはモデルとなると考えられることがある。しかしこうしたヨーロッパ流の発展を、アフリカ、南アメリカ、あるいはアジアで模倣しようとする試みは、これまで実を結んでこなかった。その理由は、自発性が実はいささか特殊な、そして多分に偶然の状況に左右されるからで、その意味では同じようなものがつくりにくいのだ。

現実の動きを見ると、ＥＵ発展の歴史はその大部分が一つのダイナミズムによるものだった。つまり、ほぼ同数の人口と経済力を有する四カ国があって（フランス、ドイツ、イタリア、イギリス）、それらが互いにバランスを保つことができたのである。この関係の中核には一つの軸があり、それは西ドイツの首都であったボンとパリとの間にあった。ヨーロッパ統合の計画が固まった重要な時期は一九六三年で、この年にエリゼー協定が結ばれている（二〇〇三年には四〇周年を記念して華やかなお祝いが開かれている）。ド・ゴールにとって、この関係はドイツの経済力と、伝統的に安全保障を重視するフランスとのバランスに似たものだった。ヨーロッパ統合への動きの背後には、これを先導したフランス・ドイツ双方の接近があったが、これは一九七八年から七九年にかけてヨーロッパの金融システム統合の背後にあるものでもあった。だが、一九九〇年代には、先に挙げた四カ国の中にいるこの二つの国の動きは、かなりぎくしゃくしたものと見えていた。一九九〇年に東西ドイツが統合されたことで、ドイツが大きくなるとともに、（当時としては）経済力でも圧倒するように見えた結果、このバランスが崩れることになる。その結果、さらなる統合に向けた動きが強まり、領域の拡大だけではなく、特に金融統合への動きが加速するのである。二〇〇四年に新たな拡大により二五カ国を抱えるようになると、フランス・ドイツの関係は中心的なものとは見えなくなった。新しい政治力が大きく加わったことで、この両者の関係はむしろ隅に追いやられたのである。

さらにまたヨーロッパは、強力な覇権国家やルールの基盤となる価値に関して合意がない状況で、独断的に見えるルールを強制することの難しさにも苦しんでいた。一九九二年のマーストリヒト条約締結後に金融統合が進められていくが、その一環としていわゆる「安定成長協定」が厳格にして独断的な規制を適用して、年間の財政赤字はGDPの三％以内、政府債務残高はGDPの六〇％以内としたのである。ところが大国のほとんどがこの規則を破ったので、理事長は安定成長協定を馬鹿げたものだとして、二〇〇五年のサミットではこの規則を変更し、柔軟な解釈が可能となるようにしたのだ。

ヨーロッパの外では、地域統合と協力への熱意があるにもかかわらず、複雑な政治権力のバランスの上によりかかるこうしたメカニズムは、複製をつくることが難しい。特に日本と中国は深い相互関係があり、それがさらに深まりつつある。というのも、中国は日本の機械技術や工作機械の重要な市場であり、日本からの投資も大きいからだ。けれどもこの関係には常に政治的疑惑がつきまとっており、中でも両国の人口割合が不均衡な点に関して恐怖がある。もしフランスの人口がドイツの一〇倍だったとすれば、一九五〇年代のヨーロッパ統合のシナリオが果たして現実のものとなるか、これは難しいのではないだろうか。

文化がヘゲモニーを確立する

第三に、ヨーロッパを定義するには、これをつくりあげた人々から見れば違うと思えるものによるのが簡単なのではないだろうか。つまり、ヨーロッパは帝国でもなければ、アメリカでもない。ヨーロッパをつくるにあたり、現代のヨーロッパ人は無意識のうちにか、あるいは意識的にか、一つの説得力のあるイデオロギーを取り上げたが、それは十九世紀のナショナリズムをつくる上で中心となったものだった。特に大国は、十九世紀のナショナリスティックなイデオロギーを奉じる人々が見たように、かなり多様な文化伝統を担っていた。また宗教の違いもあった。こうした場合――そしてこの点はドイツで顕著だったのだが――国家の定義は国家とは異なるものでおこなったほうが簡単にできたのである。ドイツのナショナリストは過去を理想化して見ることがあり、その目はゲルマンの森やゴシックの大聖堂に向けられていた。しかし同時に彼らは、自分たちがフランス文化やフランスの流行、フランスの思想と対立する点を強調していたのである。

十九世紀は文化を利用して、新たな社会統合を国家レヴェルで促進しようとしたが、二十世紀後半でこれに匹敵するものが発展したのは、ヨーロッパ左翼の影響力ある理論で、これはやがてヨーロッパ思想の主流にまでなっていく。マルクス主義者のアントニオ・グラムシはムッソリーニによって投獄されたが、彼は十九世紀の先例に魅了されており、そこから一つの社会集団が国民国家をつくる役割を担うことになる。グラムシは十九世紀を分析することで、文化がルールを動かす、あるいは彼の言葉を借りれば「ヘゲモニーを確立する」のに使えるとの考察を生み出した。イタリアその他の国で、グラムシの影響を受けた左翼の大部分は、思想と文化の生産物がアメリカの覇権に対抗する手段として使えるとの結論に達した。

反アメリカニズムとカトリック

アメリカには経済力があったし、消費という概念のまわりに魅力的な文化基準を普及させてもいたが、こうした基準がアメリカの経済力と政治的影響力を統合させるのに役だったのである。だとすれば、ヨーロッパもそれに代わる価値基準を動員すべきであって、それは古さや優れている点を主張することだった。グラムシ流の考えでは、ヨーロッパの左翼は経済資本に対して文化資本を動員すべきで、これは、アメリカが帝国として行動しているときには、必ず魅力的に映るものだった。言い換えれば、ヴェトナム戦争時代、そして二〇〇三年、イラク戦争に至る時期とその後の時代には、実に魅力的な戦略だったのである。

グラムシに代表される考え方は、単に文化左翼の特徴に留まらなかった。アメリカの過ちを償い、あるいはアメリカの政治に対抗しなければならないとの思いは、新しいヨーロッパ流の体制を生み出そうとする意識の背後に、現実のものとして存在することが多かったのである。一九七九年に設立された「欧州通貨制度」は、一九七〇年代後半のアメリカ・ドルの運用の失敗及び弱点への対応という側面があった。これはアメリカの高飛車な態度や無能に苛立ちを覚えた政治家が主導権を握って始めたものだが、こうしたヨーロッパ側の反応は主にテクノクラートが中心になって進めたものである。

ところで識者が、ヨーロッパの新たなアイデンティティには大陸を横断するという考え方が深く刻み込まれていたと考えるようになったのは、ごく最近のことである。ヨーロッパの市民社会は二〇〇三年のイラク戦争に対して反対の声を挙げた。もともとはフランスの財務大臣を務めたドミニク・ストラウス＝カーンが示した分析によれば、二〇〇三年二月一五日土曜日にヨーロッパ全土で起きたイラク戦争反対の大衆デモは、新しい市民意識の表れだったという。「街路には新しい国家が生まれた。そしてこの新しい国とはヨーロッパという国家だった」[158]。それから数週間の間に、哲学者のジャック・デリダとユルゲン・ハーバーマスは共同でキャンペーンを繰り広げ、ヨーロッパの主要な新聞に同時に声明を発表する。ハーバーマスは、アメリカがイラクに介入したことで、「道徳的資本」を失ったと述べる[159]。二〇〇五年にはシラク大統領が、ＥＵへの国民投票で「賛成」票を入れるように国民に訴えたが、その根拠として彼が述べたのは、これによってアメリカへの反対勢力が生まれるし、「アングロサクソン」が新たなヨーロッパを挫折させようとしていることだった。「アングロサクソンの国、とりわけアメリカのねらいは何か？　それはもちろんヨーロッパの建設を阻止することであり、そうなれば、将来、より強いヨーロッパをつくることが危険にさらされることになる[160]」。

一致していたのは反アメリカニズムであり、これには実は歴史的に深い起源があった（この点はアンドレー・マーコヴィッツが優れた歴史的考察を述べている）。アメリカは粗野で金持ち、物質主義であり、アメリカの宗教さえも物質主義に毒されていたというのだ。ドイツの詩人ハインリヒ・ハイネはこう述べている。「世俗的な効用がアメリカの宗教であって、金銭が彼らの神、唯一の全能の神なのである」(161)。アメリカの普遍主義は、アメリカ人の望みを隠すための二枚舌のようなものだった。アメリカ企業による利益追求は普遍的な聖戦という仮面を被っていたのだ。

これに対してヨーロッパの理想は、アメリカとははっきりと異なるものだった。その相違を鮮やかに示したのはロバート・ケーガンの言葉で、ヨーロッパ人は金星からやってきて愛を求めるが、アメリカ人は火星からやってきて戦いを好むというのである。これは人気のあるアメリカの心理学研究（ジョン・グレイによるもの）の焼き直しで、その研究では、いかにして、そしてなぜ男と女は互いを理解できないかが述べられている。もう一つケーガンの言葉を引けば、ヨーロッパ人はカントの伝統をまじめに受け止めるが、アメリカ人はホッブズ的だという。いずれにしても、ヨーロッパ人が平和を愛好するのは、二十世紀前半に起きた戦争のためだと言えるかも知れない。また、こうした好みは西ヨーロッパの人間が、二十世紀後半に稀に見る成功を収めたと考えている点も反映しているだろう。何しろ彼らは、自分たちが珍しいほどの安定を手にしたのは、世界のほかの地域の問題から意図的に離れていたことによると考えることが多いのだ。こうしたほかの世界との関係とは、過激なイスラム「原理主義」やアメリカの福音主義の復興、そしてホワイト・ハウスにおけるキリスト教の再来などに、ヨーロッパが対立してきたことを意味すると言えるだろうか。

ヨーロッパ人が自らの「アイデンティティ」のある場所をつかもうとしながら、同時に彼らはそのアイデンティティを意識的に反宗教的な言葉によって、より攻撃的なかたちでつくりあげていた。つまり彼らは、かつてのヨーロッパ発展の明確な特徴だった寛容を捨てたのである。この点に関してもっとも行き届いた考察をおこなったのは、おそらくジョーゼフ・ウィーラーで、彼によれば、もし二〇〇四年に進められていたヨーロッパの体制に関する条約が、かつての伝統から自然に生まれてきたものであれば、宗教的には寛容だったろうという。[162] もしそうした寛容が表明されていたとすれば、国によっては神と宗教、あるいは「神の臨在」を呼びかけるものが含まれていたかも知れないし、あるいはほかの国では中立を俗人による支配と定義して、共産主義崩壊後のポーランドのように、宗教と世俗の伝統を両立させるものに近いかたちを取っていたかも知れない。だが、新しいヨーロッパの体制草案は、神を無視するかたちでつくられたのである。

だとすれば、この点もヨーロッパの歴史的伝統から外れるものだった。ロバート・クーパーが指摘しているように、近代ヨーロッパと元首を持たない理想とが生き残ったのは、一つの宗教的伝統があったからなのである。「実に稀なことだが、西ヨーロッパのキリスト教帝国は精神的部分と世俗部分とに分かれていた。世俗的な帝国は中世初期には意味を持たなくなるが、精神的部分は生き延びた。そしてこのことで、個別の国民国家が生まれることが阻止されたのである」。[163] けれども、ヨーロッパ統合とともに、二十世紀後半に世俗化の大波が押し寄せる中で、あっという間に侵食されたのもまさにこの伝統だった。

四〇年が経過してみると、ハロルド・マクミランの過激な主張、すなわちド・ゴールは神聖ローマ帝国を再興しようとしており、イギリスはローマを復興させようとしているという言葉も、所詮は悪い冗談としか聞こえないものだ。なるほどイギリスは（いや少なくともイギリス人は）ヴィクトリア女王のもとで、ローマの再来を望んだかも知れないが、一九六〇年代の時点では、イギリスの未来が帝国のようにならないことは、マクミランの目にははっきりしていたはずである（事実その通りだった）。ド・ゴールはカトリック信者だが、あまり深い信仰は持っていなかったようで、急速な世俗化がすでにはっきりと始まっていたヨーロッパで、神聖ローマ帝国の再興など難しいと考えていたに違いない。しかし一九五〇年代のヨーロッパの計画には、確かに神聖ローマ帝国再興の気配があったのも事実である。現代の識者の多くはこの点を見ようとはせず、ヨーロッパ統合を（その初期の段階においても）一種の機能主義がもたらしたもの、つまり、純粋に一国だけではもはや処理しきれない問題、たとえば石炭と鉄鋼、農業など、政治的に重要な産業問題を乗り越える必要から生まれたと考えるのである。けれども象徴的な面から見れば、当時のヨーロッパの指導者たちは、それとはかなり違う考え方を持っていた。つまり、なぜヨーロッパ経済共同体（ＥＥＣ）の条約はローマで締結されたのか？　このイタリアの首都は、二つの、しかし相互に関係する歴史的遺産を引きずる都市だった。一つはローマ帝国であって、これはベニート・ムッソリーニによって、二十世紀に再興するという誤った、破壊的な試みがなされたものであり、もう一つはローマ・カトリック教会だったのである。

象徴的な面ではほかにもある。すなわち、欧州評議会の旗が青地に一二の金色の星が描かれていることだが、ただし一九四九年五月にこの評議会が設立されたときには一〇ヵ国だった（ＥＥＣの前身である欧州石炭・鉄鋼共同体はのちに六ヵ国の設立国を抱えることになる）。この一二の星は「ヨハネの黙示録」をもとにしたと考える人が多く、というのもそこでは一人の女が次のように描かれているからだ。「また、天に大きなしるしが現れた。一人の女が身に太陽をまとい、月を足の下にし、頭には十二の星の冠を被っていた」（「ヨハネの黙示録」一二・一）。そしてカトリックの伝統では、ストラスブルクの大聖堂のステンドグラスにはっきりと描かれているように、黙示録のこの女性とは聖母マリアだった。

カトリック・ヨーロッパの理念が復活したのは、近代の国民国家の理念が誕生した時期だった。これを唱道した人々は、その理念を革命期フランスの過激なレトリックの代わりとして示したのである。そしてこの理念は危機の時期が来ると、常に底流を流れるものとして生き延びたのだった。たとえばフランス革命後や、ヨーロッパにファシズムの嵐が吹き荒れたときなどである。言い換えれば、国民国家や啓蒙主義の世俗的伝統にある民主的主権に代わるものを、ヨーロッパが生み出した時期に現れたものだった。一七九九年、狂気の縁から完全には回復していなかったドイツの詩人ノヴァーリスは、次のようなパンフレットを世に出している。すなわち「キリスト教世界あるいはヨーロッパ」である。中世キリスト教の統一と平和をロマンティックな言葉で語ったのち、彼はキリスト教が再び人々に恵みの杯をかけることになると述べた。つまり、フランス革命の混乱が「宗教を生み出した」のである。

国々が円をなしてぐるぐると回るのは恐ろしい狂気のためだが、それに気がつくまでは、ヨーロッパ中に血が流されることだろう。それから聖なる音楽によって鎮まると、それらの国々はかつての祭壇の前で、色とりどりに歩みを進め、煙を上げる神殿の前で熱い涙を流しながら愛の儀式を寿ぐ。…尊ぶべきヨーロッパの導き手の聖なる膝からは、キリスト教が復活し、新たな宗教儀式が、すべてを包み込む神の計画に合わせておこなわれるであろう。もはや誰もキリスト教の世俗への強制に反抗することはない。なぜならば教会の性格は真の自由となり、あらゆる必要な改革はその指導のもとで、平和に、そしてきちんとおこなわれるからである。(164)

第二次世界大戦後、同じような理念がヨーロッパの統合を促した。それによれば、甦ったキリスト教は、国民国家の失敗に代わるものとなる。ヨーロッパ統合の「聖者」と皮肉混じりに言及されることがある政治家たち――コンラート・アデナウアー、アルチデ・デ・ガスペリ、ロバート・シューマン――は、国民国家と微妙な関係にある領域の出身だった。第一次世界大戦後にケルン市長を務めたアデナウアーは、ライン地方の分離主義に近い立場にあったし、シューマンはロレーヌ地方の出身、そしてデ・ガスペリはハプスブルク帝国で育ち、ウィーンで博士論文を書いた人物である。そして彼らはすべて、レオ一三世の回勅『レールム・ノヴァールム』にあるように、カトリック教会の社会的使命は、国民国家の世俗的議論よりも、二十世紀の政治を導くにふさわしいものと考えていた。社会主義者にしても、たとえば帝国主義の理念を最初に理論化したルドルフ・ヒルファディングは、ヴィシー政権下の悲惨なフランスで書いた『歴史的問題』の冒頭で、戦争によって破滅的となったヨーロッパの状況は、「古代ローマ世界に没落をもたらしたものに匹敵する」と述べている。(165) だとすれば新たなヨーロッパがつくられるときには、当然ローマで条約を結ぶべきだったのである（一九五七年三月二五日）。

世俗的自由主義と多元文化主義

二〇〇一年九月一一日以後の状況は、もう一つの危機を生み出した。すなわち現代ヨーロッパをリードする二つの考え方が激しく衝突したのである。一つは世俗的自由主義であって、それは国家の理念に体現されている。もう一つは多元主義、多元文化主義の理念である。ニューヨークとワシントンにおけるテロリストの攻撃は、その動機が宗教の原理主義に基づく価値観によるものだった。では多元文化主義における寛容の原理は、そうした価値への敬意を持っていなかったのか？　新たな衝突がまさにヨーロッパ的な思考の中心で起きていることをヨーロッパが痛感したのは、悲劇的というよりも、むしろ些細な出来事だった。九月一一日の数週間後、一〇月六日にアルジェリアのサッカー・チームが、アルジェリア独立後初めてパリでフランス・チームと戦ったのである。拡声器からフランス国歌が流れると、北アフリカの血を引き、イスラム教を信仰する若いフランス市民が、フランス共和国国歌とその大統領ジャック・シラクにブーイングを浴びせたのだ。するとフランス議会はすぐさま法律を通して、「ラ・マルセイエズ」を侮辱する人間は罪に問うとしたのである。

だがそれよりも大きな衝撃は次の出来事だった。すなわち、寛容の模範と広く認められ、過去のヨーロッパに見られた宗教的分裂を克服したとされる国で、それが起きたからだ。十六世紀オランダの革命は、カトリック国スペイン王国に反発したプロテスタントが起こしたものだったが、この国のその後の歴史は大きなカトリック共同体を政治に組み込んで、めざましい成果を挙げたものだった。ところが大衆に人気のある政治家で、ゲイであることを広言しているピム・フォルタインは、イスラム教徒が新しい性の表現に不寛容だと述べて、反移民キャンペーンを展開していたのだが、この人物が大きな政治運動を引き起こしたのである。彼は無原則の自由意思論を展開して、次のように述べた。「この国は満員である。……一六〇〇万人のオランダ人でほぼ十分なのだ」。そして彼は二〇〇二年五月に（白人の過激派の手で）暗殺された。二〇〇四年には映画監督のテオ・ファン・ゴッホが、コーランの一節を裸の女性の身体に映し、イスラム教が女性を虐げているとしたため、やはり殺害されている。

こうしてみると、宗教を真剣に受け止める結果、どのような選択肢でも受け入れる単純な多元文化主義には、重大な欠陥があることがわかるのではないか。すべての「宗教的」動機やそれに基づく行動を、等しく寛容なものとして受け入れるわけにはいかないのだ。宗教に基づく感受性を表に出せば、危険な害を与えることもあり、市民社会の秩序が壊れることもある。しかしながら、この問題をまじめに取り上げ、真の宗教とまがいものの宗教とを区別するには、キリスト教信仰に基づく主な宗教伝統が、宗教の真実にどのように関わってきたかを見るのが重要となったのである。

ヨーロッパの宗教観が改めて新たな方向に向かい始めたものとして、もっともめざましい兆候はイラク問題をめぐる議論のあとに生まれたもので、ヨーロッパの世俗世界をリードするリベラルな人々の多くが次のような結論に達している。すなわち、強く、しかもきわめてヨーロッパ的と思える立場は、世俗的で自由な理性だけを基礎にして守ることはできないという点だった。では、イラク戦争に反対する正当な根拠とは何か？　そもそもこの戦争は、結局はサダム・フセイン体制の恐ろしい非人間性、とりわけシーア派とクルド人の圧殺を根拠として、その正当性が擁護されたものだった。あるいはまた、遺伝子工学やＤＮＡの操作は、そもそも啓蒙主義が常に歓迎してきた科学の進歩の一つなのだから、それに対する不安とはどのような意味を持つのか？　これについてドミニク・モイジやベルナルド＝アンリ・レヴィなどの識者は、ヨハネ・パウロ二世の死をどの宗教も悲しんだ点で、きわめて珍しいことだと考え、[166]新たなヨーロッパ流の、あるいはグローバルな規模での確固たる責任感の連帯だとみなしている。実際、二〇〇五年四月二日に続く一般ミサでの連帯感は、二〇〇三年二月一五日におこなわれた戦争反対のデモよりも強いものがあった。

ハーバーマスは、宗教と世俗の言語はどちらも相互に翻訳されることが必要だと言う。これによって、アメリカが脅《おびや》かしている世界の規範、彼の言葉によれば「規範的特質」を守ることができるというのだ。

神のごとき人間性を、あらゆる人間の平等にして犯すべからざる尊厳に訳すことは、こうした救いの翻訳の例となる。それによって、信仰を持たず、あるいはさまざまな信仰を持つ一般人に、かつては宗教団体だけに限定されていた聖書の原理の内実が明らかにされるのである。

二〇〇四年初頭には、めざましい光景が見られた。当時枢機卿であったヨーゼフ・ラツィンガー(のちにベネディクト一六世として教皇となる)が教理省長官、つまり実質的にはローマの異端審問を受け継ぐ部門の長として、ミュンヘンにあるカトリック・アカデミーでハーバーマスと対話をおこなったのである。ラツィンガーはかつて異端審問の長官だったランベルティーニ枢機卿を敬愛していたが、ランベルティーニは教皇ベネディクト一四世として、啓蒙主義を体現するヴォルテールとたびたび書簡を交わしたことがある。今回のハーバーマスとの議論は、そうしたフランス啓蒙主義思想の一面を彷彿とさせるものだった。そして結論としてラツィンガーは、「理性と信仰には相互関係が必要であり、それらは互いを補い合い、浄化するために使われることで、両者が必要となるのだ」と述べた。また彼は基本となる問題を次のように提示している。すなわち、世俗的な理性と伝統的なキリスト教は、どちらも自らを普遍的なものと考えることに慣れてきたが、この普遍性なるものが疑問視されているのは明瞭な事実である。「今日、文化の相互性が、人間の基礎をめぐる議論では避けられないものとなっており、そのような議論は、単にキリスト教信仰や西洋の理性の伝統の中だけではおこなえないように思える。両者とも自らは普遍的だと考えるが、事実として認識しなければならないのは、どちらも人類の一部が受け入れただけのものであり、人類の一部しか理解できないものなのである」。結論として、もし二つの伝統が「多奏的な相互関係」を築き、「浄化の過程」を始めるのならば、宗教的病理だけでなく、理性的病理も拒否することが必要となるのだ[167]。

もしアメリカが、ナイアル・ファーガソンの名文句のように（しかし誤りであるのも事実）、否定の帝国ならば、EUは否定の神聖ローマ帝国である。ランベルティーニと手紙をやりとりしたヴォルテールは、神聖ローマ帝国はローマでもなく、帝国でもなく、神聖でもないと述べたが、これはEUに関してより適切な言葉だろう。否定ではあっても、EUは一つの連続体であり、時間と伝統をかけてじっくりと生み出されたものである。そしてその連続とは、帝国の建設、拡大、帝国主義への反動、そして長期にわたる帝国の没落と崩壊というサイクルに代わるものなのである。

結論

二つの論点

社会の進歩は絶えずダイナミックな流動が起きるのが特徴で、こうした変化は相互作用を含みつつ増大していく。自給自足した村は比較的安定しているように思えるが（少なくとも過ぎ去っていく世界をロマンティックに夢見ると、そう思える）、経済と政治の流れがグローバル化した世界で無数の人間を結びつけるときには、未来に何が起こるかわからないものだ。ただしそれにもかかわらず、人間は世界を一体のものとして頭の中で理解しようとするのである。

本書の議論の中心にあるのは、世界の捉え方には二つのものがあって、それらは常に衝突しているという点にある。つまり、ルールの体系として世界を見るか、それとも力が常に発揮されているものとして世界を見るか、この二つである。グローバル化は基本的に、さまざまなルールの正当性を受け入れることを基盤としているが、その正当性が危ういものとなっているのが現状である。特に不平等や格差が強まり（これはグローバル化が進むにつれて強まっていく）、小規模の衝突でも国際社会を対立状態に追い込むときに、この正当性が危ういものとなる（グローバル化にはしばしば起こる現象である）。その結果、一方では国際化と和解との間で常に振幅が起こり、他方では暴力と、国際秩序及び国内秩序の崩壊との間で、これまた常に振幅が見られることになる。グローバル化と反グローバル化の両方の波があるのだ。同じような発展の姿は、すでに一七七六年、アダム・スミスとエドワード・ギボンが描き出していた。スミスとギボンはそれぞれ古代ローマとのアナロジーを使って、イギリスと北アメリカ植民地との間の問題を検討していたのである。
ローマとの比較は優れて魅力的なものである。秩序を求める人間も、そして秩序を批判する人間も、現代の権力構造をローマとの比較で理解しようとする。こうした比較と、そこから得られる教訓は、十八世紀においてギボンとスミスによって体系的に検討されたが、折しもその時期は、イギリスの帝国支配が拡大することで、グローバルなネットワークシステムにおける力とルールの問題が生まれていたのである。こうした問題への彼らの考察は、きわめて型どおりの要約になるが、次のようになるのではないか。

まず商業システムについては、ギボンもスミスも歴史の進歩によって繁栄が増して広まっていくが、同時に不平等も生じると言う。この点は彼らの生きていた世界に見られたものだが、もちろん今日の世界も同じである。そして両者ともにローマにその先例を見ていた。不平等な世界では情報が手に入りやすくなり、人々は他人の富や収入と常に比較をすることになるが、そこから、富や少ない資源を適切に配分するための原則や指針を探し求めることになる。その結果出てくるのは明らかに不愉快な議論で、特にこれが収入や繁栄の問題に焦点が当たると、なおさらその傾向が強まる。大きな繁栄に対して反対するのは正しいことなのか？　なぜなら繁栄がさらに広まれば、貧しい人間も引き上げられるのだから、単に不平等が広がるからという理由で反対するのは誤りではないか？　あるいは商業社会のそうした繁栄は、人間の能力や適切な役割のどういう側面を弱め、あるいは損なうのか？　ギボンやスミスよりも凡庸な社会史家であれば、この時点で考察を止めて、ローマ帝国やほとんどの帝国システムは、こうした不平等と、それが生み出した社会の反発によってつまずいたのだと結論づけるだろう。ローマに反抗したスパルタクスの再来というわけだ。

第二に、ギボンとスミスは、不平等が不満や反乱、政治的分裂を生み出す点を指摘しただけでなく、さらにその先に分析を進めていた。つまり、帝国支配に必要な基礎となる原則とは何かに関心を抱いていたのだ。思想体系としては、ギボンとスミスはローマの辿った道筋を、多神教（これを現代に当てはめれば、多元文化主義となるだろう）から一神教への移行、つまり、一つの価値観と信仰を押しつけるものへの移行と考えていた。多神教はもともと多様な文化をまとめあげる方法で、そこには寛容の余地がかなり残されている。帝国のめざす方向へ向かうにしても、帝国の意思を押しつけるものではなかった。ただしこの方法では、政治秩序や社会秩序のすべてを円滑に動かすための優れたルールはつくりにくいのも確かである。

不平等への対処

政治秩序がきちんと運営されるには二つの問題がある。不平等を懸念する人間が増えれば、それに伴って財産の正しい分配をおこなうための明確なルールを要求することになり、その結果、さまざまの生活様式を互いに認め合っていたものが、実は不正で不愉快なものではないかと考えるようになる。そしてこうした要求が一つのイデオロギーを生み出すのである（ローマの場合には、

ステムにもルールは必要なのだ。強い国際的ルールがあれば、強い国内ルールの適用も容易になるし、その逆も真実である。そしてルールは一貫したものであるべきで、よくわかる明快なもの、何よりも普遍性を持ち、全体に適用できるものでなければならない。言い換えれば、特定の集団や利益に合致するものであってはならないのである。要するに、これこそ常に存在する古典的（スミス流の）自由主義の夢、あるいはアメリカ流ではなく、ヨーロッパ流の自由主義と言えるだろうか。

そしてこれがあれば、二つの異なるレヴェルでルールと正当性とを常に求めることが楽になるだろうし、正当性とルールが単に相互依存しているなどと考える必要もなくなる。すなわち、第一のレヴェルとは商業秩序に適切な規制をかけること、第二のレヴェルとは平和的な秩序を求めることである。

貿易規制の撤廃

今日においてもっとも明瞭に（同時に明らかにユートピア的な）スミス流の方法は、きわめて単純なものだろう。すなわち、国際的な貿易への規制をすべて撤廃することである。関税を撤廃すれば、ルールの解釈をめぐる込み入った争いは時代遅れとなるだろうし、なぜヨーロッパがアフリカ、カリブ、太平洋の国々などのバナナを優先すべきなのかをめぐる議論も、これまた時代遅れのものとなる。簡潔明瞭で透明性があることが、ルールの正当性を高める以上、自由貿易は望み得る限り単純で、全体に適用できるルールだと言えるだろう。こうした解決策が望ましいのは二つの理由による。国内面で言えば、規制や腐敗――特定の利益集団が政治力を使って、譲歩や恩恵を引き出そうとする――の可能性を大きく削ることになるからだ。第二に、国際面では衝突の原因を取り去ることができる。過去二〇年以上の間に、国際的な貿易と企業統治に関して法整備が進められたことで衝突が生まれ、司法の場での争いが激化しているが、きわめて包括的な原理があれば、激しい対立を避ける方法となるのではないか。また優れた単純明快な国内ルールと国際ルールとは、互いを補完するものになるだろう。スミス流のやり方は、第3章で述べた現在の国際秩序の弱さにも対処できるだろう。すなわちその弱さとは、金融をめぐるルールが大きく削られて、貿易をめぐるルールが詳細になることで、人々の不満が国際主義に向けられると、貿易への激しい反発が生まれることだ。

しかしこのようにグローバル規模での自由貿易への移行が起これば、その移行のコストに関して明らかな反論が出てくるのも事実で、実際、昔の貿易障壁が低くなったことで、今日の世界に不確実な要素が数多く生まれているのも事実である。たとえば中央アメリカやバングラデシュの織物産業は、割当制であった織物産業の体制が自由化へ向かった結果、東アジア（特に中国）の製品が工業国の市場に流れ込んで、大きな打撃を受けてきた。だとすれば、新たな体制への移行期には、こうしたケースにかなりの支援策を施す必要があるだろう。たとえば、産業を多角化するために財政援助をおこなうとか、生計の道を失った人々に広範な社会的援助を与えることなどが考えられる。しかしそうだとしても、これらの問題が抜本的な自由化にとって、越えられない障壁となるとは考えられないのである。世界規模の貿易自由化がおこなわれるとしても、ビジネス世界での規制はなくなることはなく、それが減るだけである。ただしこうした規制も複雑になる可能性があるし、各国それぞれの国益が異なる以上、さまざまな規制がぶつかり合う可能性もある。そうなれば、複雑なルールの問題と、それが引き起こす反発が再び出てくることになる。

自由貿易という解決策も単独では十分ではない。特にこの案を主張する人間が、そのことで必然的に文明社会の全体構造を単独でつくれると考えれば、不十分なものとなる。現在の自由な秩序も不安定で、反発には脆いが、その理由はこの秩序に関わる主な人々がプロセスにばかり囚われているからだ。実際、世界を見る上でもっともよく出てくる考え方は、プロセスが秩序をつくるというものである。そのためヨーロッパがしばしば主張するのは、欧州石炭・鉄鋼共同体、EEC、EC、そしてEUと続く協力関係が雪だるまをつくりあげ、関係する国々相互の交流と相互依存が強まるにつれて、お互いがますます密接に結びつくようになったという点である。

第二次世界大戦で傷ついたヨーロッパは、経済の相互交流が共通の利益を生み出し、それによって平和も生まれると判断した。これは昔の自由主義に基づく国際主義が、ヨーロッパという一部の世界で実現したもので、商業が繁栄と平和をもたらすとの考え方に則《のっと》るものだった。鋤の刃の部分に剣を入れるのはおもしろいものだろう。けれども、鋤の刃をうまく効率的につくれるようになれば、これで自動的に刃をなくせると結論づけるのは、やはり間違いなのである。

現在はやっている機能的論理に基づいて国際秩序を議論すると、長い期間をかけて正当性を確立するのに必要な道徳的基礎を無視することになる。優れた政治を求めることが、国連安保理の常任理事国にどの国を加えるか、あるいはG7、G8、G9にどこを加えるかなどの議論で満たされるとの考え方には、やはり限界がある。あるいはEUの選挙はニース条約で決めるべきなのか、それとも二〇〇四年の憲法草案によるのかなどの議論も、同じことだろう。手続きをめぐる議論は、ともすれば重要な問題を脇に追いやり、しばしば激しい対立をもたらすものとなる。実際の経験からすると、基本原則で共通の合意ができれば、国際会議できちんとした議定書を出すことが可能となる。プロセスだけにこだわる議論は不信感を増すだけなのである。つまり、この議定書は意図的に仕組まれたものではないか、相手側は不正な手段で和解に持ち込むのではないか、それともこちらよりずるがしこいだけなのか、といった疑惑が出てくるのだ。

過去の例を振り返ってみると、強圧的ではない覇権がもっとも成功したのは、さまざまな社会を平和的な秩序にまとめあげる価値をきちんと整備していたものだった。平和とは一つの価値であり、プロセスから簡単に出てくるものではない。古代ローマはこうした考え方をきちんとまとめるのは、完璧に無理だと考えていた。同じように、自らを帝国と考える国もこれができないのである。第7章で検討したように、ヨーロッパの問題はプロセスを重視することと、高い目標を重視することとを混同している点にあり、これは容易には解決しないのである。オクスフォードの哲学者だったアイザイア・バーリンは、一九五九年に発表したすばらしい論文「ヨーロッパの統合とその変遷」の中で、この問題を指摘している。バーリンは普遍的な一つのヨーロッパへの復帰とこれを捉え、それは十八世紀後半のロマン主義に見られた個別性、異質性の讃美を排除したものだと考える。ロマン主義以前の時代では、世界は「一つのわかりやすい全体像を示していた。確固たる物質的、精神的要素から成り立っていた。安定していなければ、実在しなかったのである」。二十世紀半ばの危機的状況ののち、物質的には危機を乗り越えたとしても（マーシャル・プランの時代である）、政治的あるいは心理的には、なかなかその危機は乗り越えられなかったが、それでもそこには新たなビジョンを求める声があった。「古代の自然法へ戻る動きがあるが、われわれの中で経験主義を奉じるものにとっては、もはや宗教的ないしは形而上学的基礎に基づくものは、必ずしも必要だとは思えないのである[168]」。

バーリンが気づいていたように、十八世紀の思想家はこうした問題をきちんと見ていた。スミスは、「道徳性の全般的ルール」と呼ぶものをつくりあげる必要があることを、鋭く感じ取っていた。それは経験から生まれるものである。「特定の例を挙げれば、われわれの道徳的能力、価値と正しさを自然に感じ取る能力、認められるか認められないかを決めるものを経験することなのである」。こうした行動の全体的なルールとは、「常日頃反省することで頭の中に定着していれば、自己愛による歪みを是正して、現状ですべきことは何かがわかることになる」。この基本原則が自然法の枠組みとなり、その枠組みの中で人定法が生まれたのである。だからこの原則は最初に与えられたものだった。

人間社会は、人類がそうした重要な行動規範への敬意を全体として持たなければ、崩壊して無に帰するだろう。この敬意がさらに高まるには、そもそもこれが自然によって最初に刻み込まれ、のちに理性と哲学が確認するものであることを確認するのが必要であり、またそのような重要な道徳律は神の命じた法であって、神は最後にこれに従う人間には褒賞を与え、その義務を放棄する人間には罰を与える。(169)

「文明の衝突」に対処するためには

ローマのジレンマへのもう一つの対処法は、人間が基本的に暴力を好む傾向を持つ点をどう処理するかである。これに対するもっとも明確な答えは、文明化の過程で、法(あるいは言い換えればルールの体系)が暴力を抑制するのに必要だという点だ。古代ローマは実際、ルールや法の基本を組織的につくりあげることがほとんど不可能だと考えていた。そこで基本的なモデルとなるのは十戒なのだが、これは神が与えるものであって、実際の必要性を議論して生まれるものではないし、相互交流やコミュニケーションが高まって、それをどうこなすか考えた上で出てくるものでもない。

ここで明記しておくべきなのは、この種の解釈をすれば、サミュエル・ハンティントンによって有名となった捉え方が出てくる余地がない点である。「文明の衝突」は本書で検討した非グローバル化の考え方を言い換えたものだが、それは異なる起源を持つ独特のものなのである。イスラム（あるいはアジア）世界の考え方と、西欧の考え方とは必然的に衝突するとの議論は、二種類の議論をもとにしたものである。すなわち第一は、文化の相違は必然的なもので、消し去ることはできない、そして第二に、非西欧世界の伝統的社会に、経済及び社会の近代化が与える衝撃である。この文明の衝突では、西欧の近代化モデルが広く拒否されるが、それは伝統的秩序が崩れたあとに生まれる「ルサンチマン」が引き起こす反動として出てくる。そのためこれを主張する人間は過去の理想化されたイメージをつくり出し、それを操作して、精神を蝕《むしば》む世俗化の流れに対抗させようとする。しかしこの反西欧の動きは、それを語る言葉そのものが西欧からの借り物による場合がほとんどである。これはイアン・ブルマとアヴィシャイ・マルグリートが、それぞれ文脈は異なるが、「西欧主義」と名づけたもので、西欧近代、あるいは「根なし草の、傲慢で強欲、堕落した軽薄なるコスモポリタニズム」を打ち倒し、乗り越えたいとの欲求を示したものなのである[170]。

以上の分析のどちらを取るかで、解決法も違ったものとなる。もし文化の違いが事実それほど大きなものであれば、帝国主義による征服が唯一の答えになるだろう。一方、問題は近代化への不満にあり、貧困と辺境に追いやられていることが暴力やテロの温床ならば、社会的な平等をめざす近代化が効力を発揮することになる。現代の議論、とりわけ二〇〇一年九月一一日以降の議論は、この二つの間をめぐって交わされている。蛮族と戦うべきなのか、それとも買収すべきなのか？　いずれにしてもどちらの道を選ぼうとも、結局はかつてローマが選んだ不満足な解決法の表と裏なのではないか。征服して、繁栄をもたらすだけのことで、違いはどちらに比重がかかるだけのことだ。前者は傲慢なけんか腰、後者は傲慢な保護者面。そしてどちらも、さらなる力と近代化を勧めるだけのことである。

けれども、簡単に近代化を進めよ（あるいはグローバル化を進めよ）といっても、これには原理主義者が反発するだけでなく、基本的な面で問題もある。二十世紀後半、強力な近代化の枠組みが進歩と発展の必要性を説く方法となってきた。その根底にあるのは手段重視の考え方であるのは間違いない。発展を説く人間はそれ自体を善だと主張し、その結果、誰もが自動的に発展を善だと考えるようになる。しかし発展を何らかの高い価値と結びつけて考えることなど普通ではなかったし、それが人類に高い尊厳と自由をもたらすとも考えられたことはない。むしろ、発展は製粉機のようなもので、そこに入った人間は進歩と繁栄の名の下にすりつぶされると考えられていた。そしてまさにこうした近代化の技術重視の側面こそが、新たな反西欧感情を生み出し、皮相な物質主義よりももっと深遠で精神性の高いものを求める声となったし、同時に各国それぞれが独自の資本主義を生み出そうとしたのである。

文明の衝突を生み出すことになるものへの対処としては、違う方法があるのではないか。つまり互いに自然法の枠組みを分かち合う中で、対話をおこなう道である。技術発展は自動的に繁栄を生み出し、それがいわば魔法のように価値の問題を解決すると考えるよりも、まずわれわれは価値の問題を考え、これについてきちんと語り合うことが必要だろう。こうすることで、さまざまの文化に共通する部分があることが、当初の予想よりもはっきり見えてくるのではあるまいか。価値をめぐって一致団結が見られた象徴的にして、おそらくは重要な光景とは、教皇ヨハネ・パウロ二世の葬儀に集まった人々の姿であって、あれこそ世界の歴史でもっとも多くの人が駆けつけた葬儀だった。キリスト教、ユダヤ教、そしてイスラム教の指導者たちが連帯して現れ、イスラエルの大統領がイランの大統領と握手を交わす。『フィナンシャル・タイムズ』はこう伝えている。「一九一〇年、イギリスのエドワード七世の葬儀に、ヨーロッパ八カ国の首脳が出席して以来、このような光景はなかった」(171)。

違いはあるにしても価値に関しては共通するものがあるとの考え方は、さまざまな宗教伝統をつなぐのはもちろんのこと、それを越えて広げることも可能であろう。一見すると対立関係にある考え方でも、両者の対話が可能になる点はユルゲン・ハーバーマスとラッィンガー枢機卿との議論に見られるとおりで、これがきっかけとなって暴力を避けるための普遍的な基盤が築かれていくのであって、その結果、偶発的な出来事や、手続きをめぐる争いから生じる不満足な結果も避けることができる。機能本位の論理を排除し、われわれの議論は技術重視の解決法に逃げ込むのではなく、根本的な価値を見据えておこなうべきなのである。

Notes

(1) Helen Milner, *Interests, Institutions and Information: Domestic Politics and International Relations* (Princeton: Princeton University Press, 1997), 244.

(2) Robert O. Keohane, *After Hegemony: Cooperation and Discord in the World Political Economy* (Princeton: Princeton University Press, 1984); G. John Ikenberry, *After Victory: Institutions, Strategic Restraint, and the Rebuilding of Order after Major Wars* (Princeton: Princeton University Press, 2001); John J.Mearsheimer, *The Tragedy of Great Power Politics* (New York: Norton, 2003).

(3) Gibbon to Adam Ferguson, April 1, 1776, in *The Letters of Edward Gibbon,* edited by J. E. Norton, Vol.2 (New York: Macmillan, 1956), 101.

(4) The editions cited in this book are Adam Smith, *An Inquiry into the Nature and Causes of the Wealth of Nations*, edited by Edwin Cannan, with a new Preface by George J. Stigler (Chicago: University of Chicago Press, 1976); and Edward Gibbon, *The Decline and Fall of the Roman Empire,* 3 vols. (New York: Modern Library, 1983).

(5) *Edward Gibbon: bicentenary essays,* edited by David Womersley, with the assistance of John Burrow and John Pocock (Oxford: Voltaire Foundation, 1997); David Womersley, *The Transformation of "The Decline and Fall of the Roman Empire"* (Cambridge and New York: Cambridge University Press, 1988).

(6) Edward Gibbon, *Memoirs of My Life,* edited by Betty Radice (Harmondsworth: Penguin, 1984), 16; see also p.143 for an alternative formulation.

(7) Gibbon to Richard Hurd, Ca. August 1772, *Letters of Edward Gibbon,* I: 329.

(8) Gibbon to Deyverdun, May 7, 1776; and May 20, 1783, *Letters of Edward Gibbon,* II: 104.

(9) Patricia B. Craddock, *Edward Gibbon: Luminous Historian, 1772-1794,* (Baltimore: Johns Hopkins University Press, 1989), 50.

(10) Gibbon to John Whitaker, October 16, 1775, *Letters of Edward Gibbon,* II: 90.

(11) Gibbon, *Decline and Fall,* I: 453.

(12) Craddock, *Gibbon,* 170.

(13) Gibbon, *Decline and Fall,* I: 1-2. Citations in the following passages refer to this edition, and page numbers appear in parentheses.

(14) Roy Porter, *Edward Gibbon: Making history* (London: Weidenfeld and Nicolson, 1988), 147.

(15) Gibbon, *Memoirs*, 122-33.

(16) J.G.A. Pocock, "Between Machiavelli and Hume: Gibbon as Civic Humanist and Philosophical Historian," in *Edward Gibbon and the Decline and Fall of the Roman Empire,* edited by G. W. Bowersock, John Clive, and Stephen R. Graubard (Cambridge: Harvard University Press, 1977), 112.

(17) J.G.A. Pocock, "Gibbon and the Late Enlightenment," in *Virtue, Commerce, and History: Essays on Political Thought and History, Chiefly in the Eighteenth Century* (Cambridge: Cambridge University Press, 1985), 149.

(18) Political Economy Club, *Revised Report of the Proceedings at the Dinner of 31 May 1876 Held in Celebration of the Hundredth Year of the Publication of the "Wealth of Nations"* (London: Longmans Green, 1876), 47.

(19) Alexander Cairncross, "The Market and the State", in *The Market and the State: Essays in Honour of Adam Smith,* edited by Thomas Wilson and Andrew S. Skinner (Oxford: Oxford University Press, 1976), 134; proceedings of a conference at the University of Glasgow, April 1976.

(20) Smith, *Wealth of Nations,* II: 284. Citations in the following passages refer to this edition, and page numbers appear in parentheses.

(21) Gibbon, *Memoirs,* 78.

(22) See E. A. Wrigley, *Continuity, Chance and Change: the Character of the Industrial Revolution in England* (Cambridge: Cambridge University Press, 1988), 57-60.

(23) Adam Smith, with an introduction by E.G. West, *The Theory of the Moral Sentiments* (Indianapolis: Liberty Classics, 1976), 264-65.

(24) Quoted in Joseph Frank, *Dostoevsky: The Mantle of the Prophet 1871-1881* (Princeton: Princeton University Press, 2002), 288.

(25) On this, see Garth Fowden, *Empire to Commonwealth: Consequences of Monotheism in Late Antiquity* (Princeton: Princeton University Press, 1993).

(26) Michael Gorbachev, *Gipfelgespräche: Geheime Protokolle aus meiner Amtszeit* (Berlin: Rowohlt, 1993), 128-29.

(27) Quoted in Alastair Horne, *Macmillan, Volume II, 1957-1986* (London: Macmillan, 1989), 284.

(28) There is an extensive literature on the "democratic peace," taking up an idea originally propounded by Kant. See Michael Doyle, "Kant, Liberal Legacies and Foreign Affairs," *Philosophy and Public Affairs* 12 (1983): 205-35, 323-53; and "Liberalism and World Politics" *American Political Science*

Review 80 (1986): 1151-69. See also Bruce Russett, *Grasping the Democratic Peace: Principles for a Post-Cold War World* (Princeton: Princeton University Press, 1993).

(29) Wilfrid Ward, ed. *Newman's "Apologia pro vita sua"* (London: Oxford University Press, 1913), 336-37.

(30) Norman Angell, *The Great Illusion: A Study of the Relation of Military Power to National Advantage* (Toronto: McClelland and Goodchild, 1913), 271.

(31) Notably in William Appleman Williams, *Empire as a Way of Life: An Essay on the Causes and Character of America's Present Predicament, along with a few thoughts about an alternative* (New York: Oxford University Press, 1980).

(32) The very generalized use of "empire" and "imperialism" as a way of understanding the modern world was presented in what became a cult book by Michael Hardt and Toni Negri, *Empire* (Cambridge: Harvard University Press, 2000). The recent books include Chalmers Johnson, *The Sorrows of Empire: Militarism, Secrecy, and the End of the Republic* (New York: Metropolitan, 2004); Benjamin R. Barber, *Fear's Empire: War, Terrorism, and Democracy* (New York: Norton, 2003); Michael Mann, *Incoherent Empire* (New York: Verso, 2003); Emmanuel Todd, *After the Empire: The Breakdown of the American Order* (New York: Columbia University Press, 2003).

(33) Charles A. Beard, *Giddy Minds and Foreign Quarrels: An Estimate of American Foreign Policy* (New York: Macmillan, 1939), 65, 78, 81-2. Also Andrew J. Bacevich, *American Empire: The Realities and Consequences of U.S. Diplomacy* (Cambridge: Harvard University Press, 2002), 11-23, 242-43.

(34) Niall Ferguson, *Empire: The Rise and Demise of the British World Order and the Lessons for Global*

Power (New York: Basic, 2003), 367.

(35) Michael Ignatieff, *Empire Lite: Nation-building in Bosnia, Kosovo, and Afghanistan* (London: Vintage, 2003).

(36) *Washington Post,* December 28, 2003.

(37) See his review of a recent collection of this literature: G. John Ikenberry, "Illusions of Empire: Defining the New American Order," *Foreign Affairs,* March/April 2004.

(38) See Charles Kindleberger, *The World in Depression, 1929-1939* (London: Allen Lane, 1973); Robert Gilpin, *The Political Economy of International Relations* (Princeton: Princeton University Press, 1987).

(39) Charles P. Kindleberger, "Rules vs. Men: Lessons from a Century of Monetary Policy", in *Zerrissene Zwischenkriegszeit: wirtschaftshistorische Beiträge: Knut Borchardt zum 65. Geburtstag* edited by Christoph Buchheim, Michael Hutter, Harold James (Baden-Baden: Nomos, 1994), 175.

(40) Gilpin, *Political Economy,* 78. See also Aaron Friedberg's reflection on a past experience of hegemonic weariness: *The Weary Titan: Britain and the Experience of Relative Decline, 1895-1905* (Princeton: N.J.: Princeton University Press, 1988).

(41) See for instance, Harold James, "From Grandmotherliness to Governance: The Development of IMF Conditionality," in *Finance and Development,* December 1998.

(42) Robert Kagan, *Of Paradise and Power: America and Europe in the New World Order* (New York: Knopf, 2003).

(43) Hans J. Morgenthau, *Politics among Nations: The Struggle for Power and Peace,* 3rd ed. (New York: Knopf, 1963), 63.

(44) *Financial Times,* "Ukraine Poll Divides EU and Russia," November 28, 2004.

(45) F.A.Hayek, *The Constitution of Liberty* (London: Routledge and Hegan Paul, 1960), 226.

(46) Friedrich Hayek, *The Road to Serfdom* (London: Routledge, 1944), 163.

(47) Gibbon, *Decline and Fall,* II: 728.

(48) See Philip H. Gordon and Sophie Meunier, *The French Challenge: Adapting to Globalization* (Washington, D.C.: Brookings Institution Press, 2001).

(49) See Keohane, *After Hegemony.*

(50) Julius W. Pratt, *Cordell Hull, 1933-44* (New York: Cooper Square, 1964), 112.

(51) Address by Henry Morgenthau, Jr., July 1, 1944, *United Nations Monetary and Financial Conference, Bretton Woods, New Hampshire: Final Act and Related Documents* (Washington, D.C.: Government Printing House, 1944).

(52) See Charles Lipson, *Standing Ground: Protecting Foreign Capital in the Nineteenth and Twentieth Centuries* (Berkeley: University of California Press, 1985).

(53) Friedrich List, *The National System of Political Economy,* transl. Sampson S. Lloyd (Fairfield, N.J.: Kelley, 1991), 368.

(54) See the hostile account by Henri Hauser, *Germany's Commercial Grip on the World, Her Business Methods Explained* (London: Eveleigh Nash, 1917).

(55) E. E. Schattschneider, *Politics, Pressures and the Tariff: A Study of Free Private Enterprise in Pressure Politics, as Shown in the 1929-1930 Revision of the Tariff* (New York: Prentice-Hall, 1935); Mancur Olson, Jr., *The logic of Collective Action: Public Goods and the Theory of Groups* (Cambridge:

Harvard University Press, 1965).

(56) See the model of this process described by Kyle Bagwell and Robert W.Staiger, *The Economics of the World Trading System* (Cambridge: MIT Press, 2002).

(57) Kenneth Dam, *The Rules of the Global Game: A New Look at U.S. International Economic Policy-making* (Chicago: University of Chicago Press, 2001), 119.

(58) See Fritz Breuss, Stefan Griller, Erich Vranes, eds., *The Banana Dispute: An Economic and Legal Analysis* (Vienna and New York: Springer, 2003); Karen Alter and Sophie Meunier, "Nested and Overlapping Regimes in the Transatlantic Banana Dispute," working paper, 2004; also Gordon and Meunier, *The French Challenge*.

(59) Robert J. Samuelson, "The Airbus Showdown," *Newsweek*, December 13, 2004.

(60) See Carmen Reinhart and Kenneth Rogoff, NBER Working Paper 10296, "Serial Default and the 'Paradox' of Rich to Poor Capital Flows," February 2004.

(61) See Niall Ferguson, *The House of Rothschild: Money's Prophets 1798-1848* (New York: Viking, 1998), 231-56.

(62) Max Huber, quoted in Independent Commission of Experts, *Switzerland National Socialism and the Second World War* (Zurich: Pendo, 2002), 299. I have added the word "unconditonally" from the German original "selbstverständlich, dass das Unternehmen seine volkswirtschaftliche Aufgabe in jedem Lande, desses Staat ihm Aufnahme und dessen recht ihm Schutz gewährt, in unbedingter Loyalität und mit dem Willen zu verständnisvoller Einordnung erfülle."

(63) Quoted in Henry A. Turner, *General Motors and the Nazis* (New Haven: Yale University Press,

2005), 27.

(64) "Betriebsklima: Küssen verboten! Wal-Mart untersagt den Mitarbeiten die Liebe zu Kollegen," *Stern* 13, March 23, 2005, pp.58-59.

(65) See Wendy Dobson and Pierre Jacquet, *Financial Services Liberalization in the WTO* (Washington, D.C.: Institute for International Economics, 1998), 29.

(66) See Dam, *Rules of the Global Game,* 228.

(67) "For Citigroup, Scandal in Japan Shows Danger of Global Sprawl," *Wall Street Journal,* December 22, 2004.

(68) See Joseph Weiler, "The Constitution of the Common Market Place: The Free Movement of Goods," in *The Evolution of EU Law,* edited by P.P. Craig and G.de Bùrca (New York: Oxford University Press, 1999).

(69) "Indonesia-Memorandum of Economic and Financial Policies," January 15, 1998; available on www.imf.org.

(70) "Russia Looks East as West Disappoints," *Financial Times,* January 3, 2005.

(71) See Harold James, *International Monetary Cooperation since Bretton Woods* (New York: Oxford University Press, 1996), 50.

(72) See Henry B. Russell, *International Monetary Conferences: Their Purposes, Character, and Results, with a study of the conditions of currency and finance in Europe and America during intervening periods, and in their relations to international action* (New York and London: Harper, 1898). See also Luca Einaudi, *Money and Politics: European Monetary Unification and the International Gold Standard*

(1865-1873) (Oxford and New York: Oxford University Press, 2001).

(73) Dam, *Rules of the Game,* 24.

(74) Karl Polanyi, *The Great Transformation* (New York: Farrar 1944), 193-94.

(75) For a contrary view, see Barry Eichengreen, *Golden Fetters: The Gold Standard and the Great Depression, 1919-1939* (New York: Oxford University Press, 1992), 8: "What rendered the commitment to the gold standard credible, then, was that the commitment was international, not merely national. That commitment was activated through international cooperation." There is a good description of the "increased cooperation" after 1890 in Eichengreen's *Globalizing Capital: A History of the International Monetary System* (Princeton: Princeton University Press, 1996), 32-35.

(76) Article IV, Section 1 (a) of International Monetary Fund, Articles of Agreement (1944).

(77) Alain Peyrefitte, *C'était de Gaulle* (Paris: Gallimard, 2002), 603, 663.

(78) See on this episode James, *International Monetary Cooperation*, 212.

(79) Jean Peyrelevade and Jean-Antoine Kosciusko-Morizet, *La mort du dollar* (Paris, 1975), 142.

(80) Cited in James, *International Monetary Cooperation,* 298.

(81) Smith, *Wealth of Nations,* vol.V, chap. 3, pp.446, 466-67.

(82) The most famous version of this kind of thesis was presented by Paul Kennedy, *The Rise and Fall of the Great Powers: Economic Change and Military Conflict from 1500 to 2000* (New York: Random House, 1987).

(83) Dominic Lieven, *Empire* (Cambridge: Harvard University Press, 2000).

(84) The classic account of the postwar order is by Richard Gardner, *Sterling-Dollar Diplomacy: The*

Origins and the Prospects of Our International Economic Order (New York: McGraw-Hill, 1969). See now G. John Ikenberry, *After Victory: Institutions, Strategic Restraint, and the Rebuilding of Order after Major Wars* (Princeton: Princeton University Press, 2001).

(85) Patrick Low, *Trading Free: The GATT and U.S. Trade Policy* (New York: Twentieth Century Fund Press, 1995), 247.

(86) See Kenneth Rogoff and Maurice Obstfeld, "The Unsustainable US Current Account Position Revealed," NBER Working Paper 10869, November 2004; Barry Eichengreen, "Global Imbalances and the Lessons of Bretton Woods," NBER Working Paper 10497, May 2004.

(87) The argument is most fully laid out in a set of papers by a group of Deutsche Bank economists: Michael P. Dooley, David Folkerts-Landau, Peter Garber, "An Essay on the Revived Bretton Woods System," NBER Working Paper 9971, September 2003; "The Revived Bretton Woods System: The Effects of Periphery Intervention and Reserve Management on Interest Rates and Exchange Rates in Center Countries," NBER Working Paper 10332, March 2004; "Direct Investment, Rising Real Wages and the Absorption of Excess Labor in the Periphery," NBER Working Paper 10626, July 2004; "The US Current Account Deficit and Economic Development: Collateral for a Total Return Swap," NBER Working Paper 10727, September 2004.

(88) Eichengreen, "Global Imbalances."

(89) See Nouriel Roubini and Brad Setser, "Will the Bretton Woods 2 Regime Unravel Soon? The Risk of a Hard Landing in 2005-6," paper for conference on "The Revived Bretton Woods System: A New Paradigm for Asian Development?" Federal Reserve Bank of San Francisco Conference,

February 4, 2005.

(90) This is a point made very effectively by Tim Congdon: see Lombard Street Research Ltd., "The Analyses of Unsustainability, and Total Unsustainability, Based on the Familiar Theory of Debt Dynamics Have Been Dumbfounded," *Monthly Economic Review,* November/December 2002, p.5.

(91) Though see Keith Bradsher, *High and Mighty: SUVs－The World's Most Dangerous Vehicles and How They Got That Way* (New York: Public Affairs, 2002).

(92) See Paco Underhill, *Call of the Mall* (New York and London: Simon and Schuster, 2004).

(93) Joseph S. Nye, *Soft Power: The Means to Success in World Politics* (New York: Public Affairs, 2004).

(94) Peyrefitte, *de Gaulle,* 664. See also Francis J. Gavin, *Gold, Dollars, and Power: The Politics of International Monetary Relations, 1958-1968* (Chapel Hill: University of North Carolina Press, 2004), 121.

(95) Lawrence Kotlikoff, Hans Fehr and Sabine Jokisch, "The Developed World's Demographic Transition－The Roles of Capital Flows, Immigration, and Policy," mimeo, October 2003; Lawrence Kotlikoff and Niall Ferguson, "Going Critical," *National Interest,* Fall 2003.

(96) IMF, *World Economic Outlook,* September 2004, pp.218-19.

(97) Stanley Fischer, "On the Need for an International Lender of Last Resort," *Journal of Economic Perspectives* 13, no.4 (Fall 1999): 85-104.

(98) Gibbon, *Decline and Fall,* I: 440.

(99) Joseph A. Schumpeter, *Capitalism, Socialism, and Democracy,* 2nd ed. (New York: Harper, 1947).

(100) Smith, *Wealth of Nations* (1976 ed.), I: 445.

(101) Edward M. Bernstein, "War and the Pattern of Business Cycles," *American Economic Review* 30 (1940): 24-35.

(102) Figures from "In Perspective: America's Conflicts," *New York Times,* April 20, 2003, p.B16.

(103) Edward Luttwak, "Toward Post-Heroic Warfare: The Obsolescence of Total War," *Foreign Affairs* 74, no.3 (May/June 1995); Jeremy Black, *Why Wars Happen* (London: Reaktion Books, 1998); Black, *Warfare and the Western World 1882-1975,* (Bloomington, Ind.: Indiana University Press, 2002).

(104) Smith, *Wealth of Nations,* II: 455-56.

(105) The canonical texts are J. A. Hobson, *Imperialism: A Study* (New York: J.Pott, 1902); Rudolf Hilferding, *Das Finanzkapital* (Vienna, 1910); V.I.Lenin, *Imperialism: The Highest Stage of Capitalism* [1916], new trans. (New York: International Publishers, 1939). For analyses, see David Fieldhouse, "Imperialism: An Historical Revision," *Economic History Review* 14 (1961); and Wolfgang J. Mommsen, *Imperialismustheorien* (Göttingen: Vandenhoeck und Ruprecht, 1977).

(106) Martin Luther, "Trade and Usury," in Walther Brandt, ed., *Luther's Works, Vol. 45: The Christian in Society* (Philadephia: Muhlenberg Press, 1962), 245-46.

(107) See Emma Rothschild, *Economic Sentiments: Adam Smith, Condorcet and the Enlightenment* (Cambridge: Harvard University Press, 2001), 27, 32, 73.

(108) Smith, *Wealth of Nations,* II: 158.

(109) Lucy S. Sutherland, *The East India Company in Eighteenth-Century Politics* (Westport, Conn.: Hyperion, 1979).

(110) J. A. Hobson, *Imperialism: A Study* [1902] (Ann Arbor: University of Michigan, 1965), 8.

(111) Ibid., 38, 125, 127, 357.

(112) Ibid., 201-2, 222.

(113) George Friedman and Meredith LeBard, *The Coming War with Japan* (New York: St. Martin's, 1991).

(114) Werner Sombart, *Händler und Helden: Patriotische Besinnungen* (Munich and Leipzig: Duncker and Humblot, 1915).

(115) Amy Chua, *World on Fire: How Exporting Free Market Democracy Breeds Ethnic Hatred and Global Instability* (New York: Doubleday, 2003).

(116) Gibbon, *Decline and Fall,* vol. I, chap. 24, pp.838-39.

(117) Fowden, *Empire to Commonwealth*, 14.

(118) Jack Snyder, *Myths of Empire: Domestic Politics and International Ambition* (Ithaca: Cornell University Press, 1991).

(119) Quoted in Richard Koebner and Helmut Dan Schmidt, *Imperialism: The Story and Significance of a Political Word, 1840-1960* (Cambridge: Cambridge University Press, 1964), 201; Ferguson, *Empire,* xxiii; Paul Leroy-Beaulieu, *De la colonisation chez les peuples modernes* 6th ed. Paris: Alcan, 1908), xxvii, 687,

(120) See Michael W. Doyle, *Empires* (Ithaca: Cornell University Press, 1986).

(121) Richard Cobden, *How Wars Are Got Up in India: The Origin of the Burmese War* (London: William and Frederick Cash, 1953), 58.

(122) Patrick O'Brien, "European Economic Development: The Contribution of the Periphery," *Economic History Review* 35 (1982): 1-18.

(123) P. J. Cain and A. G. Hopkins, "The Political Economy of British Overseas Expansion, 1750-1914," *Economic History Review* 33 (1980): 484-85; Eric Hobsbawm, *Industry and Empire: An Economic History of Britain since 1750* (London: Weidenfeld & Nicolson, 1968), 122.

(124) Koebner and Schmidt, *Imperialism,* 123.

(125) Benjamin Disraeli, Crystal Palace Speech, June 24, 1872, "Conservative and Liberal Principles," in *Selected Speeches of the Late Right Honourable the Earl of Beaconsfield, arranged and edited with introduction and explanatory notes by T. E. Kebbel*, vol. 2 (London: Longmans, 1882), 530-51.

(126) See Ronald Robinson and John Gallagher, with Alice Denny, *Africa and the Victorians: The Official Mind of Imperialism* (London: Macmillan, and New York: St. Martin's, 1961).

(127) Peter Marsh, *Joseph Chamberlain: Entrepreneur in Politics* (New Haven: Yale University Press, 1994), 585, 590, 614.

(128) Eric Hobsbawm, *The Age of Empire, 1875-1914* (London: Cardinal, 1989), 123.

(129) See the recent books by David Anderson, *Histories of the Hanged: The Dirty War in Kenya and the End of Empire* (New York: Norton, 2004); Caroline Elkins, *Imperial Reckoning: The Untold Story of the End of Empire in Kenya* (New York: Henry Holt, 2004).

(130) Richard Haas quoted in Andrew J. Bacevich, *American Empire: The Realities and Consequences of U.S. Diplomacy* (Cambridge: Harvard University Press, 2002), 219.

(131) See especially Kenneth Waltz, *The Spread of Nuclear Weapons: More May be Better,* (London: International Institute for Strategic Studies, 1981).

(132) Jack A. Goldstone et al., *State Failure Task Force Report: Phase III Findings* (McLean, Va: Science

Applications International Corporation (SAIC), September 30, 2000).

(133) See Paul Collier, *Breaking the Conflict Trap: Civil War and Development Policy* (Washington, D.C.: World Bank, and New York: Oxford University Press, 2003).

(134) Stuart Eizenstat, John Edward Porter, and Jeremy Weinstein, "Rebuilding Weak States," *Foreign Affairs,* January/February 2005.

(135) For instance, John Lewis Gaddis, "Grand Strategy in the Second Term," *Foreign Affairs,* January/February 2005.

(136) Chalmers Johnson, "America's Empire of Bases," TomDispatch.com, January 15, 2004. Also Chalmers Johnson, *Blowback: The Costs and Consequences of American Empire,* (New York: Metropolitan/Owl Book, 2004).

(137) Lynne Truss, *Eats, Shoots & Leaves: The Zero Tolerance Approach to Punctuation* (New York: Gotham, 2004).

(138) "The National Security Strategy of the United States of America," available at http://www.whitehouse.gov/nsc/nss.html.

(139) See especially Jeffrey Kopstein and David A. Reilly, "Geographic Diffusion and the Transformation of the Postcommunist World," *World Politics* 53, no.1 (October 2000): 1-37.

(140) Fareed Zakaria, *The Future of Freedom: Illiberal Democracy at Home and Abroad* (New York: Norton, 2003).

(141) Of this group, Leonard is the only European author.

(142) Cited in Jean Lacouture, *De Gaulle: The Ruler 1945-1970* (New York: Norton, 1992), 353.

(143) Gibbon, *Decline* and Fall, vol. III, chap. 68, p.784.

(144) Montek Singh Ahluwalia, "The Emerging Global Financial Architecture and Its Implications for India," Indian Council for Research in International Economic Relations, paper, July 1999.

(145) Richard Layard, *Happiness: Lessons from a New Science* (New York: Penguin, 2005), 164-65.

(146) Hans Magnus Enzensberger, "Vom Missvergnügen an der Politik," *Neue Zürcher Zeitung*, January 12, 2005.

(147) Friedrich Naumann, *Central Europe* (London: King, 1916), 84.

(148) Ibid., 97.

(149) Ibid., 129.

(150) Ibid., 139, 141.

(151) See Harold James, *A German Identity 1770-1990* (London: Weidenfeld, 1989), 158; Jean Monnet, *Memoirs* (London: Collins, 1978), 339.

(152) Andrew Moravcsik, "Striking a New Transatlantic Bargain," *Foreign Affairs*, 82, no.4. (July/August 2003).

(153) Robert Cooper, *The Breaking of Nations: Order and Chaos in the Twenty-first Century* (London: Atlantic Monthly Press, 2003), 7, 16, 53.

(154) Jeremy Rifkin, *The European Dream* (New York: Penguin, 2003), 231.

(155) "Genoa Summit Meeting," *New York Times*, July 21, 2001; "Chirac Takes Aim at EU Liberals," *Guardian*, March 24, 2005.

(156) See Anne-Marie Slaughter, *A New World Order* (Princeton: Princeton University Press, 2004), 189.

(157) Rifkin, *The European Dream*, 191, 196.

(158) Dominique Strauss-Kahn, "Une nation est née," *Le Monde*, February 26, 2004.

(159) Jürgen Habermas, "Was bedeutet der Denkmalsturz?" *Frankfurter Allgemeine Zeitung*, April 17, 2003.

(160) "Chirac Will Not Resign If Vote Is Lost," *Financial Times*, April 15, 2005.

(161) Heinrich Heine quoted in Andrei S. Markovits, *Amerika, dich hasst sich besser: Antiamerikanismus und Antisemitismus in Europa* (Hamburg: Konkret, 2004), 83.

(162) See Joseph Weiler, *Ein christliches Europa* (Salzburg: Pustet, 2004).

(163) Cooper, *The Breaking of Nations*, 21.

(164) Carl Seeling, ed., *Novalis: Gesammelte Werke* (Zurich: Bühl, 1945), 24, 32, 34.

(165) Rudolf Hilferding, "Das historische Problem," *Zeitschrift für Politik* 1 (1954) : 293-324. (The article was published only posthumously.)

(166) Bernard-Henri Lévy, *Wall Street Journal*, April 5, 2005; Dominique Moisi, *Ouest-France*, April 5, 2005.

(167) Jürgen Habermas and Joseph Ratzinger, *Dialektik der Säkulisierung: Über Vernunft und Religion* (Freiburg: Herder, 2005), Habermas quote on p.32, Ratzinger quotes on pp.53, 57. The fullest transcript of this remarkable discussion was published at the time in the *Rheinische Merkur*, no.4, January 22, 2004: "Duell des Geistes," pp.23-24.

(168) Isaiah Berlin, "European Unity and Its Vicissitudes," in *The Crooked Timber of Humanity: Chapters in the History of Ideas* (London: John Murray, 1990), 175, 204.

(169) Adam Smith, *The Theory of the Moral Sentiments* (Indianapolis: Liberty Fund, 1969), 264, 266, 271-

72.

(170) Ian Buruma and Avishai Margalit, *Occidentalism: The West in the Eyes of its Enemies* (New York: Penguin, 2004), 11.

(171) "Funeral Presents Opportunity to Renew Diplomatic Contacts," *Financial Times*, April 8, 2005.

訳者あとがき

小林章夫

危機の、真っただ中、深刻な試練は克服できる。「希望と美徳しか生き残れない酷寒の中で、共通の危機にさらされた都市と地方が共に立ち向かったと、未来の世界で語られるようにしよう」アメリカよ。共通の危機に直面した苦難の冬に、この不朽の言葉を記憶にとどめよう。

（Barack Obama, 2009・1・20. ワシントンでの大統領就任演説より）

このところ「帝国」をめぐる議論が盛んで、内外で多くの書物が書かれている。そうした書物の主たる対象はアメリカであって、冷戦構造の崩壊以後、世界で唯一の超大国となったこの国の帝国主義的政策を検討ないしは批判する論調が巷を騒がせてきた。

しかしその一方で現下の大問題は、ほかならぬアメリカのサブプライム・ローンに端を発した経済危機が世界中に波及し、アメリカはもちろんのこと、ヨーロッパもこれに喘ぎ、やがて世界の覇権争いに加わると見られた中国、インドはもちろんのこと、ブラジルなどの新興国にも及んで、二〇〇八年後半からの世界的不況は一九二九年の世界恐慌に匹敵する、いや、それを凌ぐ規模にまで達している点だ。そんな中で、ちょうど今このあとがきを書いているとき、アメリカでは史上初の黒人大統領が誕生したが、オバマ氏率いる新政権の最重要課題はこの経済の立て直しにあることは言うまでもない。

もちろんわが日本もこの荒波にもまれて株価は八〇〇〇円を割り込み、企業の損失がふくらんで工場の操業停止、従業員の解雇が相次ぎ、路頭に迷う人々の姿が連日報道されている。そしてアニメに多大の関心を有し、漢字の読みに難のある総理大臣は、急激な支持率の低下に悩むそぶりも見せず、連日連夜の高級バーめぐりにいそしみながら、国民に給付金なるものをばらまいて、景気回復の一助にしていただきたいなどと、実に脳天気な言を吐いている。

それにしても、アメリカ〈帝国〉の威信低下も、日本の現状以上に厳しいものがあると言えるだろう。あの同時多発テロに端を発したテロとの戦いも、イラクのフセイン政権を打倒したのもつかの間、まるでヴェトナム戦争を思い起こさせるような泥沼に入り込み、送り込んだアメリカ軍の死傷者は増加の一途を辿り、アフガニスタンやパキスタンなどの治安維持にもほころびが出ている。それに加えて、アメリカにとっては強い同盟関係を築いているイスラエルがガザへ侵攻し、ハマスとの間で激しい戦闘を続ける始末。ブッシュ政権の最後は、結局自らの強硬政策の大きなつけを払う結果となった。

経済問題にしても、アメリカが主導してきた経済、金融のグローバル化が投機的な風潮を生み出し、それが歯止めの利かないものとなって、サブプライム問題を生み出したのは事実である。アメリカ経済の屋台骨を背負ってきた自動車産業は壊滅的な打撃を受けたが、それ以上に大きく、象徴的な破綻は、リーマン・ブラザーズをはじめとする金融業界が被った大きな痛手だった。いったいこれほどの暗黒を誰が予想しただろうか。

こうした状況を考えるにつけ、本書に描かれた分析や議論の過程を振り返ってみると、そこにはさまざまな問題が指摘されていることに今さらながら驚きを禁じ得ない。

まず、著者は議論の出発点として、十八世紀後半に世に出された二冊の書物を取り上げる。一つはエドワード・ギボンの『ローマ帝国衰亡史』、もう一つはアダム・スミスの『国富論』である。ここで改めて説明するまでもなく、前者は古代ローマ帝国衰退の道筋を跡づけた高名な歴史書であり、後者はいわゆる近代経済学の原点に立つ書物である。そしてこの二冊が世に現れた時期は、大英帝国の繁栄が徐々に現実のものとなっていく頃であるとともに、アメリカ合衆国が誕生を迎える時期でもあった。つまり、近代の帝国が生まれていく時代でもあったのだ。

著者はこうして、古代の帝国の興亡と近代の帝国の誕生、成長の過程とを重ね合わせながら、政治、経済の発展とそれらが生み出すさまざまな問題、言い換えれば発展の代償としての苦悩、ジレンマを詳しく描き出す。特に現代世界の最大の特徴である「グローバル化」の波が、実はこれに先立つ時代にもすでに見られること、グローバル化がもたらす必然とも言えるさまざまな対立、問題点の顕在化を指摘しつつ、果たして「ルール」なき拡大は何をもたらすかを検討する。その上で、グローバル化が現実のものとなった現代世界において、今何がもっとも求められているのか、その答えを敢えて示そうとする。その意味では、本書に込められたメッセージをわれわれは今、緊急に読み取らなければならないと言えるのではあるまいか。

著者のハロルド・ジェイムズは一九五六年にイギリスに生まれ、ケンブリッジ大学で学んだのち、アメリカに渡ってプリンストン大学で教鞭を執り、同大学歴史学教授として現在に至っている。専門はドイツ史とヨーロッパ経済史だが、それだけに留まらず、グローバル化がもたらす経済問題にも大きな関心を抱き、特に一九二九年の世界恐慌をグローバル化の進行と重ね合わせつつ検討してきた。その意味で、本書にもジェイムズの年来の関心が生かされていると言えるだろう。

こうした関心分野を持つ著者は、多産な執筆活動を繰り広げていることでも有名で、多くの論文とともに、著書は二〇冊を超えて、おそらくは現在、もっとも活動的な歴史家のひとり、あるいは国際関係論の論客とみなされている。

その彼が二〇〇六年に発表した本訳書の原著 *The Roman Predicament: How the Rules of International Order Create the Politics of Empire* (Princeton University Press, 2006) は、多くの好意的な書評、紹介に恵まれ、高い評価を得ている。その一端を示すと、次のようなものがある。

「アメリカ帝国を扱った書物が続々と出版される中で、本書の著者ハロルド・ジェイムズはその精妙にして正確な考察で際だっている。エドワード・ギボンの『ローマ帝国衰亡史』と現在のアメリカの苦境とを、これほど優雅に、しかも説得力ある筆致で描く学者は稀有であろう」

ナイアル・ファーガソン（ハーヴァード大学、*Empire and Colossus* の著者）

「今日の一般的な議論では、歴史的アナロジーは陳腐なものとなるのが普通である。ところがハロルド・ジェイムズの手にかかると、歴史的なアナロジーとテーマは知性と洞察に満ち溢れたものとなり、誇張を交えずに正当な比較がなされることで、結果的に蒙を啓かれたものとなる。本書はローマ帝国及び大英帝国から、今日どのような教訓が得られるかを示すとともに、新帝国主義者や、それに対立する左翼陣営双方の幻想を打ち砕いてくれるのだ。力と法、そして富が手を携えてこそ繁栄が築かれるのであり、ジェイムズはその道を示してくれるのである」

アダム・ポーセン（国際経済研究所上級研究員）

「ジェイムズ教授の著書は、現代世界の秩序とそれへの挑戦に対し、優れた歴史的考察と明晰な洞察に満ちたものである。特に、ギボンとアダム・スミスの知られざる側面を提示していることに、目を開かれた。ローマ帝国に対するギボンとスミスの分析が、二人の同時代である大英帝国の動きに対する洞察によって影響を受けているとの見解は、実に優れたものである。本書は、外交政策と国際秩序に関する現在の論争に大きな価値をもたらすものである」
アナトール・リーヴェン（新アメリカ財団）

最後にこの訳書の成り立ちに関して、若干述べておきたい。

年来の畏友である人文書館社主の道川文夫さんから本書訳出の相談を受け、早速原著を通読したところ、今日の問題を鋭く指摘するとともに、歴史的な目配りの行き届いた筆致に感心してお引き受けしたものである。また訳者は十八世紀イギリスを特に勉強していることから、本書が取り上げたギボン、スミスの著作にも大いに関心があったので、喜んで翻訳に取りかかった次第。訳出の方針としては、いつものようにできるだけ明快な日本語にすることをまず第一に心がけた。なお、原著には多くの注釈がつけられているが、そのほとんどが文献案内なので、大部分をそのまま転載することにした。また本書の出発点になっている『ローマ帝国衰亡史』は筑摩書房から優れた翻訳が出ており、また『国富論』については山岡洋一氏による達意の翻訳が、日本経済新聞出版社から二巻本として出ていることをつけ加えておく。

二〇〇九年一月二一日（オバマ新大統領就任の日）
訳者

【著者略歴】
ハロルド・ジェイムズ……**Harold James**
1956年イギリス生まれ。ケンブリッジ大学で学んだのち、アメリカに渡り、
プリンストン大学ウッドロー・ウィルソン・スクール公共・国際関係学部
歴史学・国際関係学教授として現在に至る。
専門はドイツ史とヨーロッパ経済史だが、それだけに留まらず、グローバル化
がもたらす経済問題にも大きな関心を抱き、特に1929年の世界恐慌を
グローバル化の進行と重ね合わせつつ検討してきた。
その意味で、本書にもジェイムズの年来の関心が生かされている。
こうした関心分野を持つ著者は、旺盛な執筆活動を繰り広げているが、
多くの論文とともに、著書は20冊を超え、現在、もっとも活動的な
歴史家のひとりであり、国際関係論の論客と見做されている。
2006年に発表した本訳書の原著 *The Roman Predicament: How the Rules of International Order Create the Politics of Empire* （Princeton University Press, 2006）は、
多くの好意的な書評、紹介に恵まれ、高い評価を得ている。

【訳者略歴】
小林章夫……こばやし・あきお
1949年東京生まれ。上智大学文学部英文学科教授・博士（文学）。
同志社女子大学教授などを経て現職。18世紀のイギリス文学を足がかりに、
近代イギリス文化を多彩な視点からとらえる。

主な著書
『コーヒー・ハウス』（講談社学術文庫）
『東は東、西は西―イギリスの田舎町からみたグローバリズム』（NHK ブックス）
『おどる民 だます国―英国南海泡沫事件顛末記』（千倉書房）など。
主な訳書
ヒュー・ジョンソン『ワイン物語』（平凡社ライブラリー）
テリー・イーグルトン『アフター・セオリー―ポスト・モダニズムを超えて』（筑摩書房）
など。

写真提供　上智大学

編　集　道川龍太郎・多賀谷典子
協　力　青研舎

人文書館

アメリカ〈帝国〉の苦境
国際秩序のルールをどう創るのか

発行　二〇〇九年三月二〇日初版第一刷発行

著者　ハロルド・ジェイムズ

訳者　小林章夫

発行者　道川文夫

発行所　人文書館

〒一五一―〇〇六四

東京都渋谷区上原一丁目四七番五号

電話　〇三―五四五三―二〇〇一（編集）

〇三―五四五三―二〇一一（営業）

電送　〇三―五四五三―二〇〇四

http://www.zinbun-shokan.co.jp

ブックデザイン　鈴木一誌＋松村美由紀

印刷・製本　信毎書籍印刷株式会社

ISBN 978-4-903174-21-1
Printed in Japan

＊金融メルトダウン後の、グローバルな改革に向けて！

アメリカ〈帝国〉の苦境 ―国際秩序のルールをどう創るのか

ハロルド・ジェイムズ 著　小林章夫 訳

アメリカ再生は、どう計られるのか！　一七七六年、アメリカ建国と、時を同じくして書かれたアダム・スミスの『国富論』、エドワード・ギボンの『ローマ帝国衰亡史』に立ち返り、気鋭の経済史家・国際政治学者の精緻な分析によるあるべき「精神の見取り図」(historical and economic perspective)を示す。「エンパイア」の罠から抜け出し、敢行しなければならない「デューティ＝義務」とは何なのか！「アメリカの世紀」の終わりと始まり。新たな責任の時代とは！

四六判上製二九六頁　定価二五〇〇円

＊生きること、愛すること

愛と無 ―自叙伝の試み

ピーター・ミルワード 著　安西徹雄 訳

［世界を動かしているのは愛なのです］――コーディリア、さあ、なんと言うてくれるな？「何もありません」、「無こそすべて」。ただひたすらな愛、純粋にして無垢、無償の愛、言葉ではいい表わすことのできぬ愛こそ「リアの心」"Coeur de Lear"（コーディリア）世界的なシェイクスピア学者、日英に橋を架ける英文学者によるカトリシズム、叡智の言葉、澄明な言葉、透徹した言葉。愛弟子で、沙翁研究者・演出家の流麗な名訳。

A5判上製四二四頁　定価四四一〇円

＊西洋絵画の最高峰レンブラントとユダヤ人の情景。

レンブラントのユダヤ人 ―物語・形象・魂

スティーヴン・ナドラー 著　有木宏二 訳

レンブラントとユダヤの人々については、伝奇的な神話が流布しているが、本書はレンブラントを取り巻き、ときに彼を支えていたユダヤの隣人たちをめぐる社会的な力学、文化的な情況を照らし出しながら、［レンブラント神話］の虚実を明らかにする。さらには稀世の画家の油彩画、銅版画、素描画、そして数多くの聖画の表現などを仔細に見ることによって、レンブラントの「魂の目覚めを待つ」芸術に接近する、十七世紀オランダ市民国家のひそやかな跫音の中で。ユダヤ人への愛、はじまりとしてのレンブラント！

四六判上製四八〇頁　定価七一四〇円

＊セザンヌがただ一人、師と仰いだカミーユ・ピサロの生涯と思想

ピサロ／砂の記憶 ―印象派の内なる闇

第十六回吉田秀和賞受賞

有木宏二 著

最強の［風景画家］。「感覚」(サンサシオン)の魔術師、カミーユ・ピサロとはなにものか。そして印象派とは何なのか。――本物の印象主義とは、客観的観察の唯一純粋な理論である。それは、夢を、自由を、崇高さを、さらには芸術を偉大にするいっさいを失わず、人々を青白く呆然とさせ、安易に感傷に耽らせる誇張を持たない。――来るべき世界の可能性を拓くために――。気鋭の美術史家による渾身の労作！

A5判上製五二〇頁　定価八八二〇円

人文書館の本

＊風土・記憶・人間。エコツアーとは何か。

文明としてのツーリズム　―歩く・見る・聞く、そして考える

神崎宣武 編著

他の土（くに）の光を観ることは、ひとつの文明である。「民族大遊動の時代」の「生態観光」「遺産観光」「持続可能な観光」を指標に、「物見遊山」の文化と文明を考える。第一線の文化人類学者と社会学者、民俗学者によるツーリズム・スタディーズ、旅の宇宙誌！　旅したまえ！　エコツーリズムを！

石森秀三（北海道大学観光学高等研究センター長）高田公理（佛教大学教授）山本志乃（旅の文化研究所研究員）〈執筆〉

A5変形判並製三〇四頁　二一〇〇円

＊今ここに生きて在ること。

木が人になり、人が木になる。　―アニミズムと今日

第十六回南方熊楠賞受賞

岩田慶治 著

自然に融けこむ精霊や樹木崇拝の信仰など、民族文化の多様な姿を通して、東洋的世界における人間の営為を捉え直し、人間の存在そのものを問いつめ、そこから人生の奥深い意味を汲み取ろうとする。自然の万物、森羅万象の中から、根源的な宗教感覚を、現代に蘇らせる、独創的思想家の卓抜な論理と絶妙な修辞！

A5変形判並製二六四頁　定価二三一〇円

＊「思想の生活者」のドラマトゥルギー

風狂のひと　辻潤　―尺八と宇宙の音とダダの海

高野　澄 著

享楽せよ！「個」を生きよ！　みんな、自分の好きなように生きるがいい。「自我」の哲学――自分は自分として。超時代的自由主義者の生涯を見よ！　社会が閉塞している、この時代だからこそ。詩人、思想家、文学者、ダダイスト、ニヒリスト、放浪者、稀有な自由人の思想と行動に迫る。

A5変形判並製三九二頁　定価三九九〇円

＊〝芸術即人間〟「火宅の人」にあらず。

檀一雄　言語芸術に命を賭けた男

相馬正一 著

檀一雄という吟遊詩人がいた。逝って三十二年、清冽な魂が蘇る！　太宰治研究の第一人者である相馬正一による『坂口安吾　戦後を駆け抜けた男』に続く、はじめての本格的評伝！「三界火宅」を超えて、永遠の旅情を生きた漂蕩の詩人であり、デカダンティスムという小説美学を問い続けた浪漫派、最後の無頼派作家の生涯と作品！伝説の作家の虚無と優しさと詩の精神世界を丹念に辿り、醇乎たる檀文学のすべてを解き明かす。

四六判上製五五二頁　定価五〇四〇円